BusinessVillage

Glücklich dank Partner

Stefan Dederichs

Werde dein eigener Glücksmacher in deiner Beziehung

BusinessVillage

Impressum

Stefan Dederichs
Glücklich dank Partner
Werde dein eigener Glücksmacher in deiner Beziehung
1. Auflage 2020
© BusinessVillage GmbH, Göttingen

Bestellnummern
ISBN 978-3-86980-517-7 (Druckausgabe)
ISBN 978-3-86980-518-4 (E-Book, PDF)
ISBN 978-3-86980-519-1 (EPUB)

Direktbezug www.BusinessVillage.de/bl/1094

Bezugs- und Verlagsanschrift
BusinessVillage GmbH
Reinhäuser Landstraße 22
37083 Göttingen
Telefon: +49 (0)5 51 20 99–1 00
Fax: +49 (0)5 51 20 99–1 05
E–Mail: info@businessvillage.de
Web: www.businessvillage.de

Autorenfoto Steffen Löffler (stlart.de)

Layout und Satz Sabine Kempke

Druck und Bindung www.booksfactory.de

Inhalt

Über den Autor

 Stefan Dederichs ist der Glücks-macher. Der heute erfolgreiche Speaker, Autor und Trainer blickt auf eine holprige Jugendzeit zurück: Er litt unter Depressionen und hatte keinen leichten Start ins Berufsleben. Doch er steckte den Kopf nicht in den Sand und fand Wege zu einem erfolgreichen und erfüllten Leben. Er zählte zu den besten Verkäufern seiner Branche, gründete Unternehmen und wurde zum erfolgreichen, lebensfrohen und selbstbewussten Menschen.

Sein Motto: »Erfolg ist, was glücklich macht«. Heute gibt Stefan Dederichs dieses Wissen, wie es jeder zum wirklichen Glücklichsein schaffen kann, als gefragter Vortragsredner und Autor weiter.

Kontakt
E-Mail: info@stefan-dederichs.de
Web:　www.stefan-dederichs.de

Vorwort

Eine wirklich glückliche und harmonische Beziehung führen – das ist doch etwas, was wir fast alle anstreben, oder? Kein Streit, keine Diskussionen, viel Liebe und Harmonie, ein Leben lang das Verliebtheitsgefühl, das uns am Anfang einer neuen Liebe begleitet. Wäre doch nicht schlecht, oder? Das zu erreichen, ist allerdings in der Praxis oft gar nicht so einfach, wie man sich das so vorstellt. Da kommen eine ganze Menge unerwarteter Herausforderungen auf einen zu. Ich kenne nur sehr wenige Menschen, die von sich behaupten können, dass sie eine wirklich glückliche Partnerschaft führen. Ja, sie sind zusammen, sie leben miteinander, aber sind sie in der Beziehung wirklich glücklich? Die Beziehung ist okay, das schon, aber ist es das, was wir wirklich wollen? Wollen wir eine Partnerschaft führen, die nur okay ist?

Sich nicht zufriedengeben

Bei uns in der Nähe hat ein neues Restaurant aufgemacht. Sehr nobel und hochwertig. Es ist ein umgebauter Gutshof, und alles ist im alten Stil mit Bruchsteinen versehen worden, um das ursprüngliche Flair zu erhalten. Außen stehen alte Pflüge, Pferdekutschen und weitere antike Utensilien, die früher für die Landwirtschaft verwendet wurden. Es macht alles einen gepflegten und einladenden Eindruck. Sicherheitshalber haben wir im Vorfeld einen Tisch reserviert. Als wir im Restaurant ankommen, dämmert es bereits, die Zufahrt ist sehr schön angestrahlt und indirekt ausgeleuchtet. Vor der

Tür sind Fackeln aufgebaut. Man wird gleich in eine andere Zeit versetzt. Eine wunderschöne Atmosphäre. Am Eingang angekommen, werden wir gleich von einem sehr netten Herrn begrüßt, der fragt, ob er uns die Jacken abnehmen darf. Er führt uns zu einem Tisch und fragt, ob der für uns angenehm ist. Meine Frau antwortet, dass er für uns okay sei. Darauf fragt der Kellner nach, ob er uns lieber einen anderen Tisch geben soll. Meine Frau meint: »Nein, das ist in Ordnung, der Tisch ist okay.« Der Kellner entschuldigt sich und sagt: »Liebe Frau Dederichs, unser Anspruch ist nicht, dass Sie etwas okay finden, unser Anspruch ist, dass Sie begeistert sind. Wir möchten, dass Sie nach Ihrem Besuch bei uns freudestrahlend von Ihrer Zeit in unserem Restaurant berichten und von dem schönen Abend schwärmen. Dies tun Sie jedoch nur dann, wenn Sie wirklich zufrieden sind. Mein Vorschlag ist daher, dass ich Ihnen einen anderen Tisch zeige, und Sie entscheiden dann in Ruhe, welcher Platz Ihnen mehr zusagt. Wäre das ein für Sie gangbarer Vorschlag?« Dieses Angebot haben wir liebend gern angenommen und haben so einen Platz direkt am Kamin bekommen. Dieser ist bereits angezündet und wir können während des Essens die Flammen tanzen sehen. Eine mollige Wärme erreicht uns und wir erleben einen unvergesslichen Abend.

Aus Bequemlichkeit hätten wir uns auch mit dem ersten Tisch zufriedengegeben, er war ja okay. Aber er führte uns eben nicht zur Begeisterung. Wir hätten wirklich etwas verpasst, wenn wir nicht den anderen Tisch in Anspruch genommen hätten. Ich will damit nicht sagen, dass okay nicht manchmal auch gut genug ist. Ich möchte damit vielmehr ausdrücken, dass es es manchmal wert ist, nach etwas mehr zu greifen. Worauf könnte das stärker zutreffen als auf die eigene Beziehung? Auch hier lohnt es sich, mehr zu fordern, als dass sie okay ist.

Mit einem Partner zu leben, ist eine wirkliche Herausforderung. Eine Partnerschaft funktioniert nicht allein dadurch, dass man sie eingeht und dann einfach nebeneinander her lebt. Zu einer wirklich glücklichen Beziehung gehört viel mehr. Leider lernen wir in unserer Jugend häufig nicht, wie man eine wirklich glückliche Beziehung führt. Weder in der Schule noch im Studium gibt es ein entsprechendes Fach. Auch in der elterlichen Erziehung fehlen hier nennenswerte Impulse, und häufig fehlt sogar ein positives Beispiel, an dem man lernen könnte.

Die gute Nachricht ist, dass es durchaus Wege zu einer glücklichen Beziehung gibt. Du kannst nämlich sehr viel dafür tun, um mit deinem Partner das Leben zu führen, das du dir vorstellst. Du kannst selber dafür sorgen, dass deine Beziehung mehr als nur okay ist. Mit deinem Partner verbringst du im besten Fall den Großteil deines Lebens. Ist es da nicht jede Mühe wert, dass du dazu beiträgst, dass dieses Projekt zu deinem erfolgreichsten wird?

In meinem Buch »Glücksmacher. Zum Glück gibt's ... Wege« habe ich bereits über Wege zu einem glücklicheren Leben berichtet. Dort beschreibe ich auch, wie wichtig eine Partnerschaft für unser Glück sein kann. Dieses Taschenbuch, das du nun in den Händen hältst, gehört zur Glücksmacher-Reihe – eine Serie von Büchern, die jeweils ein ganz besonderes Thema behandeln. Das, was ich im Buch »Glücksmacher« allgemein beschrieben habe, wird in diesen Taschenbüchern vertieft; sie sind jeweils ganz speziell auf ein Thema ausgerichtet. Mit diesem Taschenbuch möchte ich dich für deine Partnerschaft sensibilisieren. Ich möchte dir ein wenig den Spiegel vorhalten und dich dazu ermutigen, mal genauer hinzusehen, mal zu prüfen, ob du wirklich glücklich bist. Wenn du derzeit eine harmonische Partnerschaft führst, dann möchte ich dir zeigen, was du dafür tun kannst, dass dies so bleibt. Wenn du nicht glücklich bist oder eben nicht zu hundert Prozent, dann will ich dir zeigen, woran dies liegen könnte und wie du es ändern kannst. Wenn du derzeit keinen Partner hast, dann möchte ich dich dazu bringen, zu prüfen, ob du ohne Partner wirklich glücklich bist. Wenn die letzten Partnerschaften bei dir nicht funktioniert haben, dann möchte ich dich dazu ermutigen zu erkennen, warum das so war. In der Regel steckt hinter solchen Erfahrungen nämlich ein Muster.

In jedem Fall, also unabhängig davon, ob du dich derzeit als glücklich oder als nicht so glücklich bezeichnest, wirst du aus diesem Buch Impulse ziehen können. Denn egal auf welcher Ebene du dich gerade befindest, es gibt immer noch Luft nach oben. Dieses Buch habe ich für jeden geschrieben, der Interesse daran hat, sich zu entwickeln. Der danach strebt, in seinem Leben noch glücklicher zu werden. Der eine Partnerschaft führen will, die im besten Fall ein Leben lang hält und in der er wirkliche Zuneigung, wirkliches Vertrauen und wirkliches Glück empfindet.

Wenn du schon mal ein Buch von mir gelesen hast, dann weißt du bereits, dass ich meine Leser immer duze – ich finde das persönlicher und wir sind uns automatisch näher. Ich schreibe außerdem zwar meist in der männlichen Form. Angesprochen fühlen mögen sich aber bitte immer alle Geschlechter.

Ich wünsche dir viel Freude beim Lesen und dass sich daraus inspirierende Gedanken für dich ergeben!

Dein

1.
Beziehung –
Merkmale und Grenzen

Was ist eine Beziehung eigentlich? Was macht sie aus? Welche unterschiedlichen Arten von Beziehungen gibt es? Um uns dem Thema dieses Buches zu nähern, beschäftigen wir uns erst einmal grundsätzlich damit, was Beziehungen zwischen Menschen ausmacht. Das ist wichtig, um eine Grundlage für alles Weitere zu schaffen.

Es gibt natürlich ganz unterschiedliche Arten von Beziehungen: die Eltern-Kind Beziehung, die Freundschaft, die Liebesbeziehung, die Partnerschaft, sexuelle Beziehungen, Geschäftsbeziehung, Handelsbeziehung, Kundenbeziehung, um nur einige zu nennen. Sie unterscheiden sich unter anderem darin, in welchen Lebensbereichen sie stattfinden und wie nah sich die Beteiligten – körperlich und emotional – kommen. Alle Arten von Beziehungen haben nämlich gemeinsam, dass immer das Verhältnis zu einem oder mehreren anderen Menschen betroffen ist, es sind zwischenmenschliche Beziehungen. Alle diese Beziehungen beeinflussen unser Sozialleben und damit unser Glücklichsein.

In diesem Buch geht es speziell um die Partnerschaft zwischen zwei Menschen, die ihr Leben miteinander verbringen möchten. Das hört sich heutzutage schon fast etwas altmodisch an: Wenn man sich die Statistiken ansieht und wahrnimmt, wie viele alleinstehende Menschen wir in Deutschland haben – es sind immerhin 16,8 Millionen –, könnte man meinen, dass langfristige Partnerschaften schon fast ein Auslaufmodell sind, oder? Man könnte den Eindruck gewinnen, dass Menschen heute gar nicht mehr so sehr nach Partnerschaft streben. Dass sie vielleicht sogar alleinstehend glücklicher sind. Zu diesem Gedanken komme ich aber gleich noch mal, bleiben wir erst noch bei der Definition.

Befragen wir doch einfach einmal Wikipedia als Zugang zum konsensfähigen Wissen unserer Gesellschaft. Hier heißt es unter »Partnerschaft«: »Unter einer Partnerschaft versteht man eine gleichzeitig sexuelle und soziale Gemeinschaft zwischen zwei Menschen. Sie ist eine häufig untersuchte Zweierbeziehung. Als moderner Oberbegriff bezeichnet der Ausdruck seit den 1970er-Jahren alle auf Dauer angelegten sexuellen Beziehungen, und zwar ohne Ansehen der Rechtsform der Beziehung und ohne Ansehen der sexuellen Orientierung und der Haushalts- und Wohnverhältnisse der Beteiligten.«

Etwas einfacher ausgedrückt geht es um zwei Menschen, die sich entschieden haben, dauerhaft ein Paar zu sein und eine sexuelle Beziehung führen. Diese Definition einer Beziehung entspricht meiner; daher werde ich mich in diesem Buch darauf beziehen.

Der perfekte Partner

Kommen wir noch mal zurück auf die Frage, wie altmodisch eine solche Beziehung ist. In Deutschland leben 16,8 Millionen Alleinstehende. Die Online-Partnervermittlungen Parship und ElitePartner haben gemeinsam 2017 mit dem Marktforschungsinstitut INNOFACT AG eine Studie durchgeführt. Ein Ergebnis war, dass 82 Prozent der Singles sich nach der großen Liebe sehnen. Jeder Vierte ist ganz aktiv auf der Partnersuche. Weitere 58 Prozent der Alleinstehenden würden eine Beziehung eingehen, wenn es sich ergäbe. Nur etwa 19 Prozent der Singles bezeichnen sich als zufrieden und wünschen sich derzeit keinen festen Partner.

Die große Mehrheit der Menschen möchte also einen festen Partner haben. Wir Menschen sind von Natur aus soziale Lebewesen, die sich mit einem festen Partner an der Seite am wohlsten fühlen. Warum nur fällt es uns dann so schwer, Partnerschaften zu halten und glückliche Beziehungen zu führen?

Um das zu verstehen, müssen wir uns verdeutlichen, dass jeder Mensch an sich ein Individuum ist, eine eigenständige Persönlichkeit mit eigenen Interessen und Vorstellungen. Jeder Mensch tickt anders, hat seine ganz eigenen Stärken und Schwächen. In der modernen Welt streben viele Menschen, angetrieben durch die Medien und die Veränderung des Bewusstseins, nach mehr Freiheit, wollen sich stärker selbst verwirklichen, wollen aus den alten Strukturen heraus. Das kann im Widerspruch zu einer Beziehung zu einem anderen Individuum mit wiederum eigenen Wünschen, Bedürfnissen und Vorstellungen stehen – es geht entsprechend in einer Partnerschaft immer wieder darum, Kompromisse zu finden, dem Partner entgegenzugehen und dabei auch selbst zurückzustecken.

Auch die neue Freiheit, die gesellschaftliche Offenheit, die Medien und nicht zuletzt die Sozialen Medien machen es nicht einfacher, eine glückliche Beziehung zu führen. Denn sie bedingen, dass die Ansprüche an das Leben und damit an unseren Partner enorm gestiegen sind. Wir geben uns nicht mehr mit Mittelmaß zufrieden, es soll schon alles möglichst perfekt sein. In sozialen Medien wird es uns ja vorgeführt: Alle sehen auf ihren Bildern perfekt aus, jeder scheint glücklich, überall Bilder von glücklichen Paaren. Ist ja auch ganz normal, wer postet schon ein Bild, wenn es gerade Streit gegeben hat oder man gerade weinend in der Ecke sitzt?! Dass medial immer alles perfekt präsentiert wird, führt jedoch zu einer verzerrten Wahrnehmung der Welt. Das, was wir sehen, was uns suggeriert wird, entspricht der Wahrheit ganz und gar nicht, denn tatsächlich geht es allen ähnlich, wir alle haben unser Säckchen zu tragen, unsere Hürden und Aufs und Abs. Es erzeugt jedoch bei uns das Bild, dass alle anderen super glücklich sind, dass bei ihnen alles federleicht ist. Nur auf sich selbst hat man einen ungeschönten Blick, weil man ja weiß, dass man selbst zuweilen kämpfen muss, dass es Streit und Auseinandersetzungen gibt. – Dieser Gegensatz zwischen dem realistischen Blick auf die eigene Beziehung und der scheinbar perfekten Welt der anderen muss dazu führen, dass man sich fragt, was bei einem selbst nicht stimmt. In der Folge stellt man seine eigene Partnerschaft und seinen eigenen Partner infrage; die Ansprüche an sich selbst und an den Partner steigen.

Entsprechend wollen wir nicht mehr einfach nur einen Partner, er muss dann bitteschön schon perfekt sein. Die Suche nach dem idealen Partner kann dazu führen, dass wir sehr lange suchen. Oder sie führt dazu, dass – wenn die erste Verliebtheitsphase vorbei ist, in der rosarote Wolken vieles verdecken – Menschen erkennen, dass der oder die Auserwählte doch nicht so perfekt ist. Und dann droht auch schon das Ende der Beziehung. Das Streben nach Perfektion mit Blick auf den Partner ist also eher hinderlich für dauerhafte Partnerschaften. Denn was bedeutet schon »perfekt«? Immerhin treffen bei einer Beziehung wie gesagt zwei ganz unterschiedliche Persönlichkeiten aufeinander. Jeder hat seine eigenen Ansprüche, seine eigenen Vorstellungen und seine eigenen Vorlieben, und die sind auch erst einmal gerechtfertigt. Hier geht es nicht um gut oder schlecht, richtig oder falsch, sondern darum zu erkennen, dass es Unterschiede – Unperfektes – gibt.

Im Vorwort habe ich geschrieben, dass wir uns nicht mit »okay« zufriedengeben sollten, und jetzt schreibe ich, dass wir zu sehr nach Perfektion streben. Was ist denn nun richtig? Beides! Es kommt einfach auf den Einzelfall an.

In vielen Partnerschaften leben die Partner einfach nur noch nebeneinander her. Sie führen im Grunde gar keine wirkliche Beziehung mehr. Sie haben sich arrangiert und stehen auf dem Standpunkt, dass es schlechter sein könnte. Angetrieben von den Medien träumen solche Menschen dann oft von etwas Besserem, sind aber nicht bereit, dafür etwas zu tun. Veränderung wollen sie ja auch gar nicht. Also bleibt einfach alles beim Alten. Es ist ja nun mal okay. Auf der einen Seite wird also von dem Bilderbuchpartner geträumt, den es aber nicht von der Stange gibt, denn er entwickelt sich meist erst durch eine aktive Beziehung. Auf der anderen Seite werden Beziehungen viel zu schnell aufgegeben, weil viele Menschen nicht mehr bereit sind, an dem »Projekt Partnerschaft« zu arbeiten, Kompromisse einzugehen, auf den anderen zuzugehen. Sie streben nach dem perfekten Partner, ohne jedoch die Bereitschaft zu haben, die Partnerschaft zu prägen und zu formen. Der Anspruch, dass der Partner perfekt sein soll, führt also eher in die Irre. Dass die Partnerschaft, also die Beziehung zum Partner, mehr als nur okay sein sollte, das dagegen ist ein Wunsch, der, wenn du dich in Bewegung setzt, dein Leben zum Positiven verändern wird.

Eine Ringparabel

Schauen wir erst mal auf unsere Persönlichkeiten! Stellen wir uns einmal die Persönlichkeiten der beiden Partner als Ring vor. Bei jedem Menschen hat der Ring eine andere Größe und eine andere Dicke. Eine Partnerschaft bedeutet, diese beiden Ringe übereinanderzuschieben, sodass eine Schnittmenge entsteht. Dass beide Ringen komplett übereinanderliegen und exakt aufeinanderpassen, das gibt es nicht. Die Schnittmenge kann größer oder kleiner sein, die Ringe werden jedoch nie zu hundert Prozent (perfekt) übereinstimmen. Jeder hat demnach einen großen Teil seiner Persönlichkeit, die er nicht in der Beziehung auslebt. Jeder hat neben der Beziehung noch sein eigenes Leben. Genau das gilt es zu erkennen. Partnerschaft bedeutet, dass jeder ein Stück seines Lebens innerhalb der Beziehung führt, aber eben auch einen großen Teil außerhalb. Jeder hat also neben dem Beziehungsleben noch ein komplett selbstständiges Leben. Genau das vergessen wir zu gern. Wir ignorieren, dass der Partner so ganz nebenbei auch eine eigene Persönlichkeit ist. Er ist nicht unser Besitz. Er ist unser Lebensbegleiter.

Für das selbstständige Leben müssen innerhalb der Partnerschaft Regeln definiert werden. Ich weiß, »Regel« ist so ein unattraktives Wort und widerspricht unserem Freiheitsdenken. Aber ohne das Abstimmen von Erwartungen wird eine Beziehung auf Dauer nicht bestehen können, zumindest keine glückliche. Was erwartet man vom jeweils anderen und was ist er bereit zu geben? Beziehung bedeutet auch immer ein Stück weit Kompromiss. Es geht dabei nicht um das klassische Geben und Nehmen, es geht darum, dass man gemeinsam abstimmt, was jeder Einzelne von einer Beziehung erwartet und welche Freiheiten man einander zugestehen möchte. Nur wenn es eine gemeinsame Definition gibt, ermöglicht das auf lange Sicht ein glückliches Zusammenleben. Regeln auf der einen Seite und Freiheit zugestehen auf der anderen Seite, und die Balance zwischen diesen beiden Polen – das ist das Wichtige. Akzeptieren, dass der Partner auch ohne dich einen Teil seines Lebens als eigenes Leben führt. Es gibt nicht nur die Beziehung und rechts und links davon nichts anderes. Die gemeinsame Partnerschaft ist bei den übereinanderliegenden Ringen die Schnittmenge, der andere Teil symbolisiert das selbstständige Leben, die Teile des Lebens, die man nicht miteinander teilt. Im Unterbewusstsein wissen wir das natürlich, nur verdrängen und vergessen wir es zu gerne, wir machen es uns nicht wirklich bewusst. Schon das Bewusstsein, dass wir auch außerhalb einer guten Partnerschaft Eigenständigkeit haben, und das zu akzeptieren, führt zu weniger Konflikten innerhalb der Beziehung.

Grenzen und Regeln – unvermeidbar

Diese Eigenständigkeit sollte sich jedoch innerhalb festgelegter Grenzen bewegen und festen Regeln folgen. Die entsprechenden Erwartungen sollten mit dem Partner abgestimmt sein. Darf es zum Beispiel neben dem festen Partner andere Sexualpartner geben? Wenn ja, bis zu welcher Grenze wird das akzeptiert? Darf der Partner regelmäßig mit Freunden ausgehen? Wenn ja, wo gibt es welche Grenzen? Ist es in Ordnung, wenn der Partner auch mal alleine in den Urlaub fährt? Wenn hier die Ansichten extrem unterschiedlich sind, wird es schwierig, eine glückliche Beziehung zu führen. Wenn einer der beiden Partner sich regelmäßig andere Sexualpartner wünscht, der andere aber Monogamie voraussetzt, dann können auf Dauer nicht beide glücklich werden. Es ist also unverzichtbar, gemeinsam Regeln festzulegen und die Wünsche und Ansprüche offen anzusprechen. Eine funktionierende Partnerschaft basiert auf Offenheit und Ehrlichkeit. Wenn der eine Partner die Bedürfnisse des anderen nicht kennt, dann kann er sich nicht darauf einstellen.

Es ist also extrem wichtig, eine gemeinsame Definition einer Beziehung abzustimmen. Deine Definition muss nicht exakt die deines Partners sein. Eine Beziehung funktioniert jedoch nur dann, wenn diese Definitionen weitgehend übereinstimmen. Das Ziel einer glücklichen Partnerschaft ist es, Konflikte so gering wie möglich zu halten. Sie komplett zu vermeiden ist nicht möglich und auch nicht immer sinnvoll. Hürden und Hindernisse helfen uns, uns zu entwickeln und zu wachsen, den Partner besser zu verstehen und kennenzulernen. Gemeinsam überwundene Hürden stärken die Beziehung, sie schweißen auf Dauer zusammen. In den entsprechenden Momenten, wenn Konflikte auftreten, wäre es uns natürlich viel lieber, wenn diese gerade nicht da wären, keiner wünscht sich Barrieren herbei. Langfristig gesehen, sorgen die Überwindung und die Lösung der Probleme jedoch für Wachstum und Stärkung.

Die gemeinsame Definition einer Beziehung ist der Grundstein für eine Partnerschaft, welche optimalerweise ein Leben lang halten soll. Gerade wenn man sich entscheidet zu heiraten, ist die eigentliche Zielsetzung, dass man ein Leben lang zusammenbleibt – zumindest gibt man sich immer noch dieses Versprechen. Also sollte die Partnerschaft es auch wert sein, dass man in das Funktionieren der Partnerschaft Zeit investiert, dass man sich regelmäßig Gedanken über Optimierungen und Verbesserungen macht. Dass man prüft, wo man steht und ob sich alles in die richtige Richtung entwickelt.

Das hört sich jetzt alles sehr rational an – was aber ist mit der Liebe?! Dazu kommen wir später noch. Eine Partnerschaft hat neben dem Gefühl tatsächlich sehr viel mit rationalem Denken zu tun. Nur die Liebe alleine, das reicht häufig nicht aus, um viele Jahre glücklich zusammen verbringen zu können. Die Liebe ist eine wichtige Säule einer guten Partnerschaft, aber eben nur eine Säule. Um dauerhaft mit dem gleichen Partner zusammenzuleben und das in Harmonie, braucht es noch einiges mehr.

Erwartungen klären, Grenzen abstecken

Ein früherer Geschäftspartner von mir brauchte immer wieder wechselnde Bekanntschaften. Für ihn war es eine Art von Sport, immer wieder jemand Neues zu erobern und wechselnde Sexualpartner zu haben. Das war die eine Seite von ihm. Auf der anderen Seite brauchte er Halt, Sicherheit und damit einen festen Partner. Seine Frau hatte jedoch eine ganz andere Vorstellung von Beziehung. Für sie kam es nicht infrage, dass man andere Sexualpartner hat. Ihm war dies bewusst, daher hatte er seine Affären heimlich, sodass niemand etwas mitbekam. Für eine Zeit war das ganz spannend; Geheimes und Verbotenes bergen ja immer eine gewisse Art von Reiz. Wirklich glücklich wurde mein Geschäftspartner in der Sache nicht. Seine Partnerin andererseits merkte natürlich etwas, hatte Verdachtsmomente, konnte jedoch lange keine Beweise finden. Das führte dazu, dass sie immer unsicherer wurde und ihrem Partner nachspionierte. Sie versuchte ständig Belege für sein Fremdgehen zu finden. Auch bei ihr führte dies zu einer chronischen Unzufriedenheit. Ihr war unwohl dabei, ihrem Partner ständig nachzuspionieren.

Es kam, wie es kommen musste: Die ganze Sache kam mit der Zeit heraus. Bei beiden führte dies zu einer unheimlichen Entlastung. Beide waren mittlerweile so unglücklich und unzufrieden geworden, dass sie am Ende froh wahren, dass es endlich raus war. Aufgrund ihrer sehr unterschiedlichen Ansichten, was die Definition ihrer Beziehung anging, haben sie sich getrennt, ein Zusammenleben war auf dieser Basis einfach nicht mehr möglich. Nach einiger Zeit hatte mein damaliger Geschäftspartner eine neue Frau fest an seiner Seite und das Spielchen begann von vorne. Auch diese Frau akzeptierte keine Affären. Die Situation endete genau wie beim ersten Mal, was nicht wirklich verwunderlich ist. Erst beim dritten Anlauf konnte er sein Muster durchbrechen. Er fand eine Partnerin, die mit wechselnden, kurzzeitigen, parallelen Sexualpartnern kein Problem hatte. Ganz im Gegenteil, für sie war es sogar eine Freude, ab und zu mal mitzumachen. Sie empfand keine Eifersucht, sie war sich sicher, dass er sie liebte, und vertraute ihm, dass er in den gesteckten Grenzen blieb. Er ging in diesem Fall ganz offen in die Beziehung hinein, legte seine Bedürfnisse dar und konnte so eine Partnerin finden, bei der die Schnittmenge entsprechend groß war. Ja, auch hier wurden Regeln und Grenzen festgelegt, damit konnte er jedoch leben und diese akzeptieren. Sie ließ ihm die Freiheit, die er brauchte, und bekam dafür eine harmonische und glückliche Beziehung.

Eine Partnerschaft funktioniert nur dann auf Dauer, wenn die Ansichten offengelegt sind und man eine gemeinsame Definition geschaffen hat.

2.
Hat jemand gesagt,
dass Beziehung einfach ist?!

Eine wirklich glückliche Partnerschaft zu führen, das kommt nicht einfach so. Wie eine gedeihende Rose benötigt eine glückliche Partnerschaft eine ganze Menge guter Substanzen, da brauchen wir eine ganze Menge unterschiedlicher Nährstoffe. Das Gute ist, dass du es selbst in der Hand hast, wie glücklich du in einer Beziehung bist. Ja, du liest schon ganz richtig, es liegt an dir, wie gut deine Beziehung ist und was du aus ihr machst. Immer wieder kommen Menschen nach einem Vortrag zu mir und jammern und schimpfen über ihren Partner. Berichten mir, was er alles falsch macht. Das mag aus der eigenen Sicht auch erst mal alles zutreffen. Wenn ich dann aber auf der anderen Seite den Partner befrage, kommt er mit dem gleichem Jammern und schimpft ebenso über die negativen Eigenschaften des anderen. Merkst du was? Jeder schaut darauf, was der Partner alles falsch macht, aber kaum jemand sieht, was sein eigenes Verhalten zu den Missständen beigetragen hat. Es ist alles eine Sache des Blickwinkels. Wenn ich dann zu dem Betroffenen sage: »Verändere dein Verhalten, damit veränderst du automatisch das Verhalten deines Partners«, dann sind die meisten erst mal sehr überrascht. Sie haben sich erhofft, dass ich ihre Ansicht vertrete und sage, was der Partner ändern sollte und wie man diesen dazu bringt. Du kannst den anderen jedoch nicht einfach so verändern. Nur die Veränderung in dir führt zur Veränderung bei deinem Partner.

Die richtigen Zutaten

Im Grunde ist das wie beim Grillen. Letztens habe ich mich entschieden, mit meinem Sohn einen Grillkurs zu besuchen. Ich grille im Privaten seit circa dreißig Jahren. Wenn du mich aber fragst, ob ich ein guter Griller war, dann muss ich gestehen, dass dies nicht der Fall war. Mir machte es auch nicht wirklich Freude, und dann investiert man natürlich nur wenig Energie in die Verbesserung.

Wir hatten Fleisch bisher einfach ohne großes Nachdenken im Supermarkt gekauft, möglichst bereits mariniert, und günstig durfte es auch ruhig sein. Es sollte ja wenig Arbeit machen. Fleisch auf den Grill, oft drehen und wenn ich meinte, dass es gut ist, dann runter damit. Obwohl es nicht meine größte Leidenschaft war, musste ich immer ran, es wollte einfach niemand anders machen. Dreißig Jahre lang sind alle satt geworden und es hat sich auch nie jemand wirklich über die Qualität beschwert. Alle fanden es immer ganz gut, was ich da gezaubert habe. Ich wusste zwar, dass es nicht perfekt war, was ich da gemacht habe, aber ich war im Wesentlichen ganz zufrieden.

Das Ganze änderte sich schlagartig mit dem Grillkurs. Plötzlich wurde mir vom einen auf den anderen Augenblick bewusst, dass ich dreißig Jahre lang nahezu alles falsch gemacht habe, was man nur falsch machen kann. Erst jetzt sah ich meine Künste der letzten Jahre aus einem ganz anderen Blickwinkel.

Jetzt wusste ich plötzlich, dass es wesentlich besser geht. Es fängt bereits mit dem Kauf des Fleischs an. Das Erste, was ich lernen durfte, war, dass man lieber weniger Fleisch kauft, dafür aber bessere und ausgesuchte Qualität und das bei einem Metzger seines Vertrauens. Das erste Mal hörte ich von Fledermaus-Fleisch. Ich erinnere mich gut daran, wie ich mit meiner Bestellung in der Metzgerei stand und nach Fledermaus-Fleisch fragte. Die ungläubigen Blicke werde ich so schnell nicht vergessen. Nein, so was Exotisches würde man nicht führen, da sollte ich in ein Delikatessen-Geschäft. »Nein«, erwiderte ich, »es geht nicht um Fledermäuse, es geht um Schweinefleisch.« Selbst als ich den zweiten Namen, den man für diese Art von Fleisch verwendet, »Kachelfleisch«, ergänzte, wusste die Dame nicht, was gemeint sein könnte. Erst als sie den Metzger holte, konnten wir die Sache aufklären. Es ist eine Partie aus dem Hinterteil des Schweins und zum Grillen wohl nahezu perfekt – nur kennt es kaum jemand. Es wirkt erst sehr durchwachsen, ist nach dem Grillen aber nahezu fettfrei und super zart. Halten wir fest: Es kommt auf die Auswahl des Fleisches an.

Die zweite Aufgabe ist dann, den Rap herzustellen. Also nicht einfach mariniertes Fleisch zu kaufen, sondern die Marinade selber zu machen. Möglichst ohne Flüssigkeiten, einfach nur pulverige Gewürze mischen. Dazu braucht man als Grundbasis eine Menge Paprika, braunen Zucker, etwas Salz, dazu kommen nach Geschmack weitere Gewürze wie Chili, Curry und so weiter. Das Ganze lässt man dann erst mal schön ins Fleisch einziehen. Auf dem Grill wird das Fleisch bei hoher Hitze angegrillt, bis es nicht mehr klebt, dann die andere Seite, danach lässt man das Fleisch bei niedriger Hitze, entfernt von der direkten Flamme, weiter garen. Das Geheimnis liegt also darin, das Fleisch nicht die ganze Zeit bei direkter Hitze auf der Flamme zu lassen, sondern nach dem Angrillen indirekt zu grillen. Die neue Art zu grillen hat nichts mehr mit dem zu tun, wie ich es dreißig Jahre lang gemacht habe, ich wusste es halt nicht besser. Jetzt erkenne ich den Unterschied und meine Gäste schmecken es. Der kleine Nebeneffekt ist, dass mir das Grillen jetzt wirklich Spaß macht und wir immer neue Varianten ausprobieren, außerdem verbringen wir noch viel mehr Zeit zusammen. Die gemeinsamen Vorbereitungen sind fester Bestandteil des Grillens und fördern so das Sozialleben. Früher verbrachte meine Frau erst mal viel Zeit alleine in der Küche, um alles fertig zu machen. Nun gestalten wir das mit gemeinsamer Zeit am Grillplatz. Es ist eine ganz neue Atmosphäre entstanden, die auch noch viel Zeit für Unterhaltungen geschaffen hat; wir kommunizieren einfach mehr.

Warum erzähle ich dir hier so ausführlich, wie es mir beim Grillen ergangen ist und welche Erfahrungen ich gemacht habe? Weil es in unserer Beziehung oft nicht anders ist. Weil wir es nicht anders kennen und nicht besser gelernt haben, läuft alles so vor sich hin. Es ist vielleicht zufriedenstellend – aber sind wir wirklich glücklich? So wie mir erst beim Grillkursus die Augen geöffnet wurden und ich durch die Erkenntnisse meine Grillfähigkeiten völlig neu bewerten konnte, ist es auch in vielen Beziehungen. Wir brauchen jemanden, der uns die Augen öffnet und zeigt, wie es besser geht. Wir müssen erst neue Wege und Möglichkeiten kennenlernen, erst mal erfahren, dass es besser geht und man durch kleine Veränderungen Riesenschritte nach vorne kommen kann. Erst dann sind wir bereit, etwas zu verändern. Es ist ja auch sehr bequem, alles zu machen wie bisher, das ist der geringste Aufwand. Jede Veränderung ist nun mal mit Arbeit, Anstrengung und Überwindung verbunden, och – dann lassen wir doch lieber einfach alles, wie es ist. Das bringt jedoch kein Wachstum und keine Entwicklung. Erst durch Veränderung können wir Neues erleben, neue Erfahrungen machen und unserem Glück weiter entgegengehen.

Auch in einer Beziehung sind viele Zutaten in der richtigen Kombination notwendig, um die Partnerschaft möglichst das Leben lang zu erhalten. Wir brauchen eine optimale Prise an Verständnis, an Geduld, an Leidenschaft, an der Lust des Zuhörens, die richtige Menge Freiheit und Kompromissbereitschaft. Die Kunst liegt darin, genau die richtigen Kombinationen zu finden. Eine gute Beziehung zu führen ist genauso schwer wie Grillen. Im ersten Augenblick hat man den Eindruck, dass man nicht viel falsch machen kann, aber wenn man genau hinschaut, gibt es eine Menge Wege, die Beziehung ganz neu zu erfinden, und das Schöne ist: Es ist selten zu spät, egal wann du mit der Änderung beginnst. Die Hauptsache ist, dass du es tust. Und du solltest dir bewusst machen, dass es um einen Lernprozess geht: Veränderung funktioniert nicht von einer auf die andere Minute, es braucht Zeit, um eingefahrene Glaubenssätze und Verhaltensweisen aufzubrechen und neue zu festigen.

Ursachen erkennen

Eine wirklich glückliche Beziehung zu führen, das sollten wir uns wert sein. Einfach nur mit einem Partner zu leben, damit wir nicht alleine sind, sollte nicht das sein, was du anstrebst. Dein Leben sollte dir so viel wert sein, dass du das Beste aus deiner Beziehung herausholst. In einer Beziehung wirklich glücklich zu sein, ist wie gesagt eine wahre Herausforderung. In den seltensten Fällen funktioniert das einfach so. In den meisten Fällen gehört dazu ein längerer Prozess, an dem man arbeiten muss. Manchmal musst du erst mal genauer in dich hineinschauen, um herauszufinden, warum die Beziehung nicht funktioniert oder du nicht wirklich glücklich bist. Wir müssen Ursachen suchen. Das ist manchmal gar nicht so einfach. Oft liegen sie in der Kindheit und müssen erst wieder ausgegraben werden.

Die Arbeit, die du in eine gute Beziehung investierst, ist es immer wert. Sich noch mal so richtig mit sich selber zu beschäftigen, hilft dir auf vielfache Weise. Du wirst dich selber besser verstehen und vielleicht auch begreifen, warum du so bist, wie du bist. Und du wirst feststellen, dass die Ursache für eine unglückliche Beziehung oder die Ursache für das regelmäßige Scheitern von Beziehungen in der Regel gar nicht beim Partner liegt, sondern bei dir selber. Auch wenn dein Partner zum Beispiel aggressiv, extrem eifersüchtig oder unnahbar erscheint, kann es sein, dass du gerade diesen Partner angezogen hast, weil du noch nicht alles aus der Vergangenheit verarbeitet hast. Häufig können wir in solchen Fällen ganz spezielle Muster erkennen. Aber Achtung bitte, das soll negatives Verhalten des Partners nicht rechtfertigen oder entschuldigen. Es soll auch in keiner Weise bedeuten, dass du Aggressivität, Missbrauch oder Handgreiflichkeiten des Partners auch nur im Ansatz akzeptieren solltest. Es heißt auch nicht, dass du dir die Schuld geben sollst, ganz im Gegenteil. Ich möchte damit nur ausdrücken, dass wir manchmal in einem Muster stecken, das wir durchbrechen müssen, und dass du genau darauf achten solltest, ob ein solches Muster bei dir erkennbar ist.

Instandhaltung statt Neubau

Lass mich zum Abschluss dieses Kapitels noch ein weiteres Beispiel bringen: Vielleicht lebst du selbst in einem Haus oder hast Eltern, Freunde, Bekannte, die in einem eigenen Haus leben, vielleicht gibt es sogar einen kleinen Garten. Dann wirst du bemerkt haben, dass man ständig an der Substanz arbeiten muss, um den Garten und das Haus zu erhalten. Konstant muss alles gepflegt werden. Der Rasen muss regelmäßig gemäht und gedüngt werden, das Unkraut muss bekämpft werden und ab und zu müssen neue Blumen gepflanzt werden. Türen und Fenster brauchen regelmäßige Reinigung, ebenso die Dachrinnen. Ab und zu brauchen Wände einen neuen Anstrich, vielleicht mal eine neue Farbe. Der Putz muss an angegriffenen Stellen erneuert werden. Nach einigen Jahren werden neue Fliesen im Bad oder eine neue Küche benötigt. Die Waschmaschine oder Spülmaschine geht kaputt und muss ersetzt werden. Technische Möglichkeiten verändern sich, die Art der Heizmöglichkeit bietet neue Herausforderungen. Anforderungen an die Dämmung verändern sich. Eventuell gibt es in der Familie Nachwuchs oder Kinder ziehen aus, was zu baulichen Veränderungen führt.

Ein Haus lebt. Hier ist ständige Reaktion erforderlich. Wenn du nicht aktiv bleibst, dann verfällt alles, es wuchert zu, die Substanz wird angegriffen und bald ist das Haus nicht mehr zu bewohnen. Es ist ein ständiger Prozess, eine ständige Reaktion und ständige Veränderung. Wenn ich nur alleine an meinen Gehweg denke: Wenn ich mich nur mal vierzehn Tage nicht um das Unkraut gekümmert habe, dann sieht dieser bereits aus, als hätte ich ein halbes Jahr nichts daran getan. Wer in einem Haus lebt, weiß genau, dass es nur durch regelmäßigen Einsatz erhalten werden kann. Missstände rechtzeitig wahrnehmen, darauf reagieren und schnellstmöglich aus der Welt schaffen, regelmäßig notwendige Veränderungen *und Anpassungen vornehmen ist mit wesentlich weniger Aufwand und Kosten verbunden, als am Ende umzuziehen, weil alles verfallen ist oder eine komplette Grundsanierung vorzunehmen.*

Für eine glückliche Partnerschaft gilt genau das Gleiche. Wenn du nicht sofort auf Missstände reagierst, Probleme in deiner Beziehung unverzüglich löst, ab und zu neuen Wind reinbringst, dann werden die Probleme mit der Zeit immer größer. Am Ende steht wie der Auszug beim Haus das Zerbrechen der Beziehung oder eine aufwendige Aufarbeitung durch eine Paartherapie. Eine Partnerschaft ist ein Prozess, der konstante Reaktion und Aktion erfordert. Je früher du erkennst, was dich unglücklich macht, und je früher du die Ursache beseitigst, umso weniger Aufwand musst du später betreiben.

Okay, okay ganz Schlaue sagen nun, dass sie sich extra für eine Mietwohnung entschieden haben, damit sie diesen Aufwand nicht betreiben müssen. Vielleicht entscheiden sich deshalb auch viele für das Singleleben. Vielleicht ist das für diejenigen auch genau das Richtige. Es ist alleine deine Entscheidung, welche Lebensweise für dich die passendere ist, welche es ist, die dich glücklicher macht. Wir Menschen sind unterschiedlich und daher gibt es kein Patentrezept – jeder muss für sich die beste Option finden.

3.
Meine erste wirklich große Liebe

Liebe auf den ersten Blick

Wie fast jedes Wochenende bin ich in meiner Stamm-Diskothek. Freitag, Samstag und Sonntag sind wir fast immer dort. Es ist unser Treffpunkt, dort tanzen wir, treffen nette Menschen und unterhalten uns über Aktuelles. Ich bin gerade achtzehn Jahre alt. Es ist ein Freitag, ich stehe am Rande der Tanzfläche und wippe zur Musik, als mir plötzlich auf der anderen Seite der Tanzfläche ein Mädchen auffällt. Kurze blonde Haare, enge Jeans und weiße, taillierte Bluse. Sie ist nicht super schlank, hat eher weibliche Rundungen. Sie tanzt und lacht. Ich kann gar nicht mehr wegschauen, daher dauert es nicht lange, bis sie bemerkt, dass ich sie intensiv begutachte. Ihr geht es nicht anders: Seit sie bemerkt hat, dass ich sie nicht mehr aus den Augen lasse, schaut auch sie ununterbrochen rüber. Sie lacht mir zu. Ich muss rübergehen, aber ich traue mich nicht: Was soll ich nur sagen, wie spreche ich sie an? Es gibt nun mal nur eine einzige Chance. Durch den intensiven Blickkontakt ist es doch gar nicht mehr schwer, was soll sie schon sagen. Wenn sie nicht auch Interesse hätte, würde sie mich ja nicht die ganze Zeit anlächeln. Sie sieht einfach zu gut aus, was will eine solche Frau nur von mir, das brauche ich erst gar nicht zu probieren. – So geht es mir durch den Kopf.

Es vergeht noch eine ganze Weile, bis ich mich doch endlich traue. Ich gehe rüber und sage: »Hey, bei so einem süßen Lächeln muss ich dich einfach ansprechen.« Okay, es gibt anspruchsvollere Sprüche, aber es reicht, sie hat angebissen. Sofort sind wir uns super vertraut, wir kommen uns immer näher. Sie fragt, ob wir mal rausgehen, und da passiert es, wir liegen uns tief in den Armen, die Lippen kommen nicht mehr voneinander los.

Es ist der Beginn einer wundervollen Beziehung. Sie ist meine erste wirklich große Liebe. Vorher hatte ich bereits einige Partnerinnen, und es ist nicht so, dass mir an den vorherigen Beziehungen nichts gelegen hat. Jetzt ist es jedoch unbeschreiblich, mir wird abwechselnd heiß und kalt. Mit ihr war es tatsächlich anders, das spürte ich sofort. Es war sofort eine extreme Verbundenheit da. Sie gab mir etwas, wonach ich mich sehr sehnte: Liebe und Geborgenheit. Sie war verrückt wie ich auch. Sie hatte bereits eine kleine eigene Wohnung im Haus ihrer Eltern. Ich habe dort so gut wie gewohnt. Für mich war es wie meine erste kleine Familie. Die ersten Monate verliefen harmonisch und wir schwebten im siebten Himmel. Wir hatten nur das Bedürfnis, jede freie Minute zusammen zu verbringen. Für mich schien alles perfekt. Sie füllte in mir die große Lücke, die ich bis dahin verspürt hatte. Für mich war sie viel mehr als die erste große Liebe, sie gab mir den Grund, aus dem ich lebte.

In meinem Buch »Glücksmacher« habe ich bereits intensiv meine Jugend und meine Probleme mit mir selbst geschildert, daher fasse ich mich hier kurz: Ich kam in der Zeit mit mir selbst nicht zurecht, hatte das Gefühl, dass ich nichts kann und nichts wert bin. Ich konnte mich selbst nicht lieben, hatte nahezu kein Selbstwertgefühl. Durch dieses Mädchen hatte ich das Gefühl, die Liebe zu erhalten, die ich mir selbst nicht geben konnte. Nur funktionierte das auf Dauer nicht. Dadurch, dass ich selbst von mir nicht überzeugt war, verstand ich im Grunde nicht, warum eine so tolle Frau jemanden wie mich haben möchte. Ich hatte also ständig das Gefühl, dass ich ihr nicht genug sein könnte. In mir wuchs die Eifersucht, sie wurde immer stärker. Meine Freundin durfte nicht mal jemand anders ansehen, ohne dass ich eifersüchtig wurde. Ich konnte es kaum ertragen, mit ihr auszugehen, da ich das Gefühl hatte, dass sie ständig angeschaut wurde. Ich wollte immer weniger weg und lieber zu Hause bleiben, im eigenen kleinen Reich, sie in einen goldenen Käfig sperren. Ja, ich tat alles für sie, war immer für sie da, aber ich nahm ihr jede Freiheit. Sie fühlte sich immer eingeengter, kontrollierter und unwohler. Sie versuchte immer mehr, aus ihrem Käfig zu entfliehen, nutzte jede Gelegenheit, ohne mich auszugehen. Es kam, wie es kommen musste. Eines Abends kam ich unerwartet zu ihr in die kleine Wohnung und traf sie dort mit jemand anderem. Für mich brach eine Welt zusammen, meine Geborgenheit, meine Sicherheit waren von jetzt auf gleich weg. Ich hatte bereits vor dieser Beziehung oft über Selbstmord nachgedacht. Mir lag nichts am Leben, ich wusste nicht, warum ich auf der Erde war. Diese Beziehung war das Einzige, was mich noch zurückgehalten und mir einen Sinn gegeben hatte. Nun war es vorbei, damit verlor ich meinen letzten Halt. Ich habe mich dann entschlossen, mir das Leben zu nehmen. Habe alles gut geplant und dann ausgeführt. Im letzten Moment wurde ich von meiner Mutter gefunden – aus heutiger Sicht zum Glück.

Nicht meine Freundin war an meiner Entscheidung schuld. Sondern mein eigenes Denken. Mein mangelndes Selbstvertrauen und mein nicht vorhandenes Selbstwertgefühl. Durch meine eigene Unsicherheit hing ich an ihr wie eine Klette. Ließ ihr keinen Freiraum und habe sie am Ende zu ihrem Handeln getrieben. Ich habe persönlich sehr viel aus dieser Beziehung gelernt. Dieser harte Einschnitt hat mich dazu gezwungen, mich intensiv mit mir selbst auseinanderzusetzen. Zu verstehen, warum ich mich so verhalten hatte, warum ich diese Eifersuchtsgefühle hatte und meiner damaligen Partnerin die Luft zum Atmen genommen hatte. Die Erkenntnis kam nicht von heute auf morgen, das war ein längerer Prozess.

Sein eigenes Verhalten zu analysieren, Ursachen herauszufinden setzt voraus, dass man dazu bereit ist, sich wirklich mit sich selbst zu beschäftigen. Zuerst muss man jedoch begreifen, dass man die Ursache bei sich selbst suchen muss. Das habe ich damals im ersten Moment natürlich nicht begriffen. Damals war sie für mich die Schuldige, diejenige, die mich betrogen hat. Sie hatte mich im Stich gelassen. Ich war sehr verletzt und wurde erst mal in meiner Eifersucht bestärkt. Ganz nach dem Motto »Ich habe es ja gewusst«. Natürlich hatte sie sich nicht richtig verhalten. Sie hätte sicher andere Wege finden können, mit mir umzugehen. Trotzdem lag die eigentliche Ursache in mir. Diese Erkenntnis hat mir erst bei späteren Beziehungen geholfen, das Muster zu durchbrechen, mich anders zu verhalten und dadurch glückliche Beziehungen führen zu können. Nun kam die Erkenntnis wie bereits geschildert leider nicht sofort, sondern erst viele Jahre später, sodass erst noch die eine oder andere Beziehung ins Land gehen musste, bevor ich in der Lage war, meine Partnerschaft wirklich harmonisch zu führen. Ich musste mein Muster erst selbst erkennen, bevor ich etwas daran ändern konnte.

Warum berichte ich dir so ausführlich von diesem Erlebnis? Ganz einfach, weil es vielen Paaren genauso geht. Sie machen Erfahrungen, die sie verletzen. Sie schieben die Schuld auf den Partner, dabei liegt die Ursache oft ganz woanders, nämlich bei einem selbst. Es ist ja auch erst einmal viel einfacher, den Fehler beim Partner zu suchen als bei sich selbst. Wer gibt schon gerne Fehler zu beziehungsweise sucht den Fehler bei sich, wenn der Partner Mist gebaut hat? Scheint ja auch zunächst abwegig. Man rutscht dann in eine neue Partnerschaft und hat unter Umständen wieder genau die gleichen Probleme. Klar, weil man die Ursache für die Probleme mitgenommen hat. Wenn deine Beziehung derzeit nicht ideal verläuft oder in der Vergangenheit suboptimal verlaufen ist, dann solltest du unbedingt die Ursache ergründen. Das ist nicht immer ganz einfach. Vieles ist tief in uns verborgen und manchmal kann da nur ein Therapeut helfen und zur Aufklärung beitragen. Das ist gar nichts Schlimmes. In vielen anderen (und oft nicht so wichtigen) Lebensbereichen greifen wir ganz selbstverständlich auf Trainer zurück, da ist es für uns ganz normal, Hilfe in Anspruch zu nehmen. Nur wenn es um uns, um unsere Beziehung geht, dann haben wir Bedenken, schämen uns. Denken: »Och, das schaffen wir schon selbst.«

Nach meinem damaligen Selbstmordversuch sollte ich zum Therapeuten, habe es damals jedoch nicht zugelassen. Ich war nicht bereit dafür, die Gründe in mir zu suchen, der Ursache für mein Verhalten auf den Grund zu gehen. Wäre ich damals schon bereit dazu gewesen, dann wäre mir Einiges erspart geblieben. Hätte ich damals bereits gewusst, was ich heute weiß, dann wäre vieles viel einfacher gewesen. Wäre ich aber dann heute der Mensch, der ich bin?

Das Leben ist so ausgelegt, dass wir lernen, dass wir wachsen und dass wir uns entwickeln, und das ist ganz richtig so. Wir müssen selbst unsere Erfahrungen machen. Dabei kann uns niemand helfen, da müssen wir durch. Nur durch die Überwindung von Hindernissen und Hürden können wir die nächste Lebensstufe erreichen und uns zu einem glücklichen Menschen entwickeln. Heute bin ich sehr dankbar, dass ich diese intensive Zeit in meiner Jugend erleben und diese Erfahrungen sammeln durfte. Damals sah ich das natürlich nicht so, ich war traurig und verletzt. Heute weiß ich, dass diese Erfahrung die Voraussetzung dafür war, dass ich heute die Beziehung führen kann, die ich habe. Eine glückliche Partnerschaft mit zwei fantastischen Kindern. Diese Erfahrung hat sogar dazu geführt, dass ich heute meinen Kindern ganz andere Impulse mit ins Leben geben kann. Ohne diese Erfahrung wäre ich heute wahrscheinlich kein erfolgreicher Buchautor und gefragter Speaker und könnte nicht Tausenden von Menschen Impulse zu ihrem eigenen Glück geben. Erst durch meine eigenen Erfahrungen bin ich in der Lage, anderen Tipps für ihr eigenes Leben mit auf den Weg und die Möglichkeit zu geben, vieles mit anderen Augen zu sehen.

4.
Zwei unterschiedliche Menschen

Wäre das schön, wenn wir unseren Partner aus uns selbst klonen könnten, oder? Wenn er genau so wäre wie wir selbst. Dann würden einige Konflikte gar nicht erst auftreten, man wäre sich in vielen Fragen mühelos einig, würde jeden Zug am Partner uneingeschränkt verstehen. Ob dies wirklich so erstrebenswert wäre, weiß ich allerdings nicht. Im Grunde ist doch gerade die Unterschiedlichkeit zweier Menschen das, was den Reiz einer Partnerschaft ausmacht. Die Unterschiede zwischen zwei Menschen sind es doch, die uns erst komplett machen. Wir ergänzen uns durch unsere Unterschiede; gemeinsam wachsen wir.

Die Erkenntnis, dass du und dein Partner zwei ganz unterschiedliche Menschen seid, ist der erste Grundstein für eine funktionierende Beziehung. Zu erkennen, dass dein Partner eben nicht so ist wie du, dass er ein ganz selbstständiges Wesen ist, das andere Bedürfnisse und andere Persönlichkeitseigenschaften hat, ist elementar für euer Glücklichsein als Paar. Zu oft versuchen wir, den Partner nach unseren Bedürfnissen zu formen und zu verändern. Am liebsten wäre uns, er wäre so ein Knetmännchen, das wir uns so formen können, wie wir es grad gerne hätten. Aber leider – oder zum Glück – funktioniert das nicht. Wir müssen den Partner so nehmen, wie er ist. Immerhin haben wir ihn uns ja ausgesucht. Mit all seinen Schwächen. Vielleicht haben wir ihn auch durch unsere Glaubenssätze oder unsere Einflüsse in der Kindheit angezogen – wenn wir eine spezielle Art von

Partnern anziehen, es also ein Muster gibt, ist das ein Indiz dafür.

Unterschiedlichkeit akzeptieren

Eine glückliche Beziehung werden wir nur führen, wenn wir akzeptieren, dass wir innerhalb der Partnerschaft zwei unterschiedliche Menschen sind. Jeder hat eigene Ansprüche, eigene Werte und eigene Bedürfnisse. Bei vielen Dingen werden wir gleicher Meinung sein, aber bei genauso vielen werden wir unterschiedliche Ansichten haben. Dies zu akzeptieren ist in der Praxis nicht immer ganz so leicht, besonders dann nicht, wenn die Meinungen grundlegend auseinanderdriften. Die Frage ist immer, in welchen Bereichen die Unterschiede liegen und ob sie das Zusammenleben so sehr erschweren, dass eine gemeinsame Zukunft unmöglich werden könnte.

Abfahrt in fünf Minuten ...

Ich bin zum Beispiel sehr schnell und immer pünktlich. Meine Frau ist genau das Gegenteil, extrem langsam, und Pünktlichkeit ist ein Fremdwort für sie. Natürlich sind Konflikte da programmiert. Bereits eine Stunde vor einem geplantem Abfahrtstermin fange ich an zu drängeln, sie möge sich etwas beeilen, erläutere ihr, wie viel Zeit noch bleibt. Keine Chance, sie macht erst mal wieder ganz andere Dinge als (von mir) vorgesehen. Zehn Minuten vor Abfahrt sage ich, dass ich schon mal ins Auto gehe, ich werde langsam nervös. Fünf Minuten vorher beginne ich zu hupen. Bringt aber nichts, es kommt niemand. Dann gehe ich wieder rein und schreie, dass wir endlich losmüssen. Wenn ich Glück habe, sind wir dann zehn bis fünfzehn Minuten nach der geplanten Abfahrtszeit im Auto. So geht es fast immer, jedes Mal die gleiche Prozedur. Immer stehe ich genervt kurz vor dem Ausrasten, und immer sitzen wir dann mit schlechter Laune im Auto. Sie, weil sie sich ihrer Meinung nach nicht in Ruhe frisch machen konnte, und ich, weil wir wieder nicht pünktlich losgekommen sind.

Irgendwann hat es mir dann gereicht, ich habe mein Vorgehen komplett verändert. Ich lege den geplanten Abfahrtstermin mittlerweile immer eine halbe Stunde früher. Ich bin dann in der Regel auch schon fertig, bleibe jedoch ganz gelassen, weil ich weiß, dass wir bis zum tatsächlich geplanten Abfahrtstermin noch reichlich Zeit haben.

Kompromissbereitschaft im Umgang mit dem Partner

Wir Menschen sind alle unterschiedlich, daher ist logischerweise auch dein Partner anders als du. Wichtig ist Lösungen zu finden, wie man trotzdem miteinander umgehen kann, wie es einem gelingt, die – vermeintlichen – Fehler des anderen so zu akzeptieren, dass die Beziehung nicht dauerhaft leidet. Bei jeder gemeinsamen Unternehmung immer mit schlechter Laune loszufahren, kann ja nicht die Lösung sein. Das Beste ist: Dadurch, dass ich mein Verhalten und die Planung umgestellt habe, hat sich automatisch auch das Verhalten meiner Frau geändert. Seither ist sie fast immer pünktlich. Seitdem ich keinen Druck mehr mache und relaxt bin, kommen wir fast immer die dreißig Minuten zu früh los. Es ist erstaunlich, wie du den Partner alleine durch dein neues Verhalten ebenfalls veränderst. Mit dem Wunsch, den Partner zu verändern, kommst du nicht weiter, wohl aber durch die eigene Veränderung.

Akzeptiere das Anderssein deines Partners. Konzentriere dich auf die Gemeinsamkeiten. Lass deinen Partner eine eigenständige Persönlichkeit sein. Diese Akzeptanz ist wichtig. Die Erkenntnis, dass der Partner einfach anders tickt, ist enorm wichtig für euer harmonisches Zusammenleben. Diese Unterschiedlichkeit ist das, was dich ergänzt. Meine Schnelligkeit wird gebremst durch die Langsamkeit meiner Frau und umgekehrt. So sind wir wie Yin und Yan im Gleichgewicht. Laut den Shaolin-Mönchen muss immer alles im Gleichgewicht sein, und meist wird das Gleichgewicht genau durch diese Differenz von zwei Partnern hergestellt. Beobachte das doch mal bei deinem Partner: In welchen Bereichen gleicht ihr euch aus? Wo ergänzt ihr euch, wo seid ihr absolut unterschiedlich? Du wirst merken, dass genau dieser Ausgleich eure Beziehung ausmacht und stabil hält. Auch wenn es manchmal ganz schön nerven kann. Weil man ja am liebsten hätte, dass der Partner immer so ist und so denkt wie man selbst. Aber so ist das Leben nun einmal nicht.

Verhaltensdimensionen einzelner Menschen

Bereits seit vielen Jahren beschäftige ich mich intensiv mit einem Persönlichkeitsmodell von persolog, das das Verhalten von Menschen analysiert und in vier Dimensionen – dominant, initiativ, stetig und gewissenhaft – einordnet. Ausführlich schreibe ich darüber in meinem Buch »Servicewüste Deutschland. Begeisternd verkaufen!«. Ich möchte daher an dieser Stelle nicht mehr so stark darauf eingehen. Mir ist es nur wichtig, dass du weißt, dass es dieses Instrument gibt und du dich damit bei Bedarf intensiver auseinandersetzen kannst.

Hier also nur so viel: Die Dimension »dominant« meint ein aufgabenorientiertes Verhalten. Dominante Personen haben gern die Kontrolle über eine Situation und sind eher sachlich. Schnelle Ergebnisse sind ihnen wichtig. Mit »initiativ« ist ein an Menschen orientiertes Verhalten gemeint: Wichtig ist einer initiativen Person der Kontakt zu anderen Menschen, deren Meinung sie gern beeinflusst, sie kommuniziert aktiv und öffnet sich anderen Menschen schnell. »Stetig« sind Menschen, die ein großes Bedürfnis nach Harmonie haben. Sie sind ebenfalls stark an Menschen orientiert, aber nicht beeinflussend, sondern eher angepasst. »Gewissenhaft« schließlich meint ein an Aufgaben orientiertes Verhalten: Der Gewissenhafte hat es gern perfekt, arbeitet detailorientiert. Auch er bevorzugt das Sachliche gegenüber dem Emotionalen im Miteinander.

In diese vier Kategorien kann man Verhaltensweisen von Menschen einordnen und damit eine schnelle Einschätzung des Gegenübers erhalten. Dadurch ist es wiederum einfacher, sein eigenes Verhalten anzupassen. Wenn ich also mit Menschen in Kontakt bin, die eher stetig ausgelegt sind, dann weiß ich, dass ich meine Schnelligkeit und mein Vorpreschen etwas zurückfahren muss. Auf diese Weise entstehen mehr Harmonie und Verständnis.

Solche Persönlichkeitsanalysen sind sehr hilfreich, um sich und seinen Partner besser kennenzulernen und damit auch die jeweiligen Verhaltensweisen viel besser zu verstehen. Ich kann dir nur empfehlen, dich ebenfalls mit dem Modell auseinanderzusetzen. Es wird dir nicht nur in der Beziehung zu deinem Partner hilfreich sein, sondern es fördert auch dein Verständnis für andere Menschen, zum Beispiel im Umgang mit Freunden, Kollegen, im Team mit anderen Teammitgliedern. Es hilft dir dabei, andere besser wahrzunehmen und die Gründe für Verhaltenstendenzen zu erkennen.

Nehmen wir mal an, dein Partner verhält sich stark initiativ. Dann ist er eher schnell und menschenorientiert, er unterhält sich gerne, erzählt auch gerne mal eine Geschichte. Er ist chaotisch, unsortiert und emotional. Nun nehmen wir mal an, dass du dich eher dominant verhältst. Dies bedeutet, dass du eher schnell und aufgabenorientiert bist. Du bist strukturiert, ordentlich und unterhältst dich eher weniger gerne. Wenn du nun beide Persönlichkeiten betrachtest, dann wird dir bereits auffallen, dass diese beiden Partner keine wirklich einfache Ausgangsposition haben. So unterschiedlich die beiden Persönlichkeiten sind, so groß wird die Herausforderung im täglichen Leben. Je größer der Unterschied bei den Persönlichkeiten ist, umso wichtiger wird es, Verständnis für den Partner aufzubringen und die Gründe für sein Verhalten zu erkennen. Die Kunst besteht darin, dich und deinen Partner quasi von außen, also wie aus der Perspektive einer dritten Person zu betrachten und die beiden Persönlichkeiten wahrzunehmen. Jetzt bist du in der Lage, die Unterschiede zu erkennen und zu schauen, wie du dein Verhalten so anpassen kannst, dass der Konfliktbereich minimiert wird. Persönlichkeitsmodelle wie das von persolog helfen dir, dich und andere besser einzuschätzen und dadurch Konflikte zu minimieren.

Unterschiedliche Persönlichkeiten, gemeinsamer Schreibtisch

Ich bin zum Beispiel eine dominante Persönlichkeit und meine Frau eher eine initiative. Auf meinem Schreibtisch steht außer dem Computer, dem Telefon und zwei, drei Dekorationsobjekten, die meine Ziele fördern, nichts. Alles ist tipptopp aufgeräumt. Wenn meine Frau arbeitet, dann sieht es aus, als wenn eine Bombe eingeschlagen hätte. Nun nutzt meine Frau meinen Schreibtisch immer dann, wenn ich unterwegs bin. Früher habe ich immer einen mittelmäßigen Anfall bekommen, wenn ich unerwartet nach Hause gekommen bin. Mittlerweile haben wir es so gelöst, dass ich immer rechtzeitig Info gebe, wann ich in etwa zu Hause sein werde. Meine Frau hat somit Gelegenheit, bis dahin alles in Ordnung zu bringen. In der Zeit, in der ich weg bin, lässt sie ihrem Chaos freien Lauf.

Erst durch das Erkennen der unterschiedlichen Bedürfnisse lassen sich Lösungsansätze und Kompromissmöglichkeiten finden. Diese sollten die Beteiligten jedoch nicht einschränken, sondern ihnen die Möglichkeit geben, ihre Verhaltensausprägungen auszuleben.

5.
Besser Single sein?

Momente, in denen man denkt »Ach, wäre ich doch wieder Single« – die gibt es in jeder Beziehung, vermute ich. Freiheit, keine Rechenschaft schuldig sein, einfach machen, was einem in den Sinn kommt. Manchmal geht einem der Partner mal wieder gewaltig auf die Nerven, will nicht so, wie wir es wollen, motzt vielleicht über alles, ist chronisch unzufrieden, es ist kaum auszuhalten mit ihm. Es entstehen Zweifel, ob er wirklich der Richtige ist. Ist es das, was man sich wünscht, ist er wirklich der Partner, den man sich erträumt hat? Dann vielleicht doch lieber Single?

Das Singleleben hat seinen Reiz

Natürlich hat das Singleleben auch seinen Reiz, vor allem in der ersten Zeit genießt man die Freiheit, die Möglichkeit, alles allein entscheiden zu können, ohne auf jemand anderen Rücksicht nehmen zu müssen. Jede Entscheidung kann man selbst treffen. Jeden Abend unterwegs sein, Freunde treffen, das Leben einfach genießen. Nur für sich Verantwortung tragen, nicht auf die Befindlichkeiten eines Partners Rücksicht nehmen. Neue Leute kennenlernen. Toll, oder? Ja, durchaus, für eine begrenzte Zeit sicher eine willkommene Abwechslung. Je länger das Singledasein jedoch andauert, umso stärker wird bei den meisten die Sehnsucht nach Geborgenheit und einem festen Partner. Die Wochenenden werden dann doch manchmal sehr lang. Jeden Abend alleine ins Bett (okay, zwischendurch mal Ausnahmen). Niemand da, wenn man abends nach Hause kommt. Niemand, mit dem man mal einfach so auf der Couch kuscheln kann. Jeden neuen Sexualpartner muss man neu kennenlernen, manchmal ganz nett, aber manchmal wäre es doch auch schön, wenn der andere die eigenen Vorlieben besser kennen würde. Also auch nicht immer das Gelbe vom Ei.

Wie die Studie, die ich am Anfang des Buches bereits erwähnt habe, belegt, sind die Singles bei Weitem nicht glücklicher als die Menschen, die in einer Beziehung leben. Ganz im Gegenteil, die überwiegende Mehrheit sehnt sich nach einem festen Partner und nach der großen Liebe. Den Singles geht es meist also auch nicht besser. Irgendwie will man immer genau das, was man gerade nicht hat. Aber wie wird man denn dann wirklich glücklich? Scheinbar geht's ja nicht mit und nicht ohne – oder?

Flucht ist selten eine Lösung

Die Flucht ins jeweils andere Extrem führt jedenfalls nicht ins Glück. Sie ist selten eine wirkliche Lösung. Eine Veränderung führt nicht allein dadurch zu neuem Glück, dass sie Neues mit sich bringt. Es ist wichtig, dass du mit dir zufrieden bist, da spielt es erst einmal gar keine Rolle, ob mit oder ohne Partner. Du musst im ersten Schritt mit dir und deinem Leben zufrieden sein. Erst wenn du den Istzustand akzeptierst, kannst du über Veränderung nachdenken. Dann kannst du schauen, wo es Optimierungsmöglichkeiten gibt. Wenn du aber einfach wegläufst, ins Singledasein oder zu einem anderen Partner, dann wird sich in den seltensten Fällen etwas zum Positiven verändern.

In einer harmonischen und glücklichen Beziehung lassen sich die Vorzüge aus dem Singledasein und einer festen Partnerschaft durchaus kombinieren. Ja klar, mit gewissen Einschränkungen, aber nicht so, dass man komplett auf Freiheitsgefühle verzichten muss. Es kommt einfach darauf an, wie ihr eure Beziehung definiert und wie ihr eure gegenseitigen Ansprüche aufeinander abstimmt. Dies sollte aber auf keinen Fall dazu führen, dass sich einer der beiden Partner komplett verbiegen oder auf eigene Interessen verzichten muss. Laut einer Studie von Elite Partner würden 53 Prozent der Männer und 39 Prozent der Frauen in Deutschland einer Partnerschaft zuliebe ihre Hobbys reduzieren. 36 Prozent der Männer und 19 Prozent der Frauen wären bereit, ihre Freundschaften dem Partner zuliebe weniger zu pflegen. Aber warum sollte man das tun? Warum sollten wir unserem Hobby und unseren Freundschaften weniger Beachtung schenken, wenn wir in einer Beziehung sind? Ja, okay, du brauchst auch Zeit für den Partner und fürs Familienleben, aber das ist doch nur eine Sache der Planung. Es lässt sich doch problemlos miteinander kombinieren. Eine Partnerschaft sollte nicht dazu führen, dass man auf sein eigenes Leben komplett verzichtet – denk an die beiden Ringe, über die ich schon geschrieben habe. Es geht um die Balance. Eine Partnerschaft – das sagt doch im Grunde bereits der

Name – ist dazu da, dass man partnerschaftlich zusammen-
lebt, sodass die Bedürfnisse beider Partner erfüllt sind.

Beziehung mit schweren Konflikten

Wenn du in einer Beziehung lebst, in der Streit vorherrscht,
dann rate ich dir zu überprüfen, warum du in dieser Beziehung steckst. Gibt es eventuell ein Muster von Partnern,
die du anziehst? Vielleicht sogar aus deiner Kindheit her
resultierend oder aus dem Verhalten deiner Eltern adaptiert?
Es ist wichtig, die Ursache zu erkennen, warum du noch in
der Beziehung steckst und den Partner nicht schon längst
verlassen hast. Wenn dir die Ursache bewusst ist, kannst du
nach Lösungen suchen. Der erste Schritt sollte immer sein,
dass du schaust, ob es sich lohnt, die Beziehung zu retten.
Die Flucht sollte immer erst der letzte Schritt sein. Erst ist
zu prüfen, ob du den Partner noch liebst und ob es Wege
gibt, die Basis des Zusammenlebens zu verändern. Du kannst
nie den Partner ändern, du kannst immer nur dich ändern.
Wenn du dich anders verhältst, wird sich auch dein Partner
verändern. Es ist immer zu prüfen, welche Kompromisse du
eingehen kannst und willst, wie du die gemeinsame Schnittmenge gestalten kannst, sodass deine Beziehung zu einer
ausgeglichenen und glücklichen werden kann.

Die Flucht ins Singledasein oder zu einem anderen Partner
ohne Analyse und ohne Ursachenbekämpfung wird dich
nicht zum gewünschten Ergebnis bringen. Du schaffst

dadurch zwar erst mal Veränderung, allerdings keine wirkliche Lösung. Das Ziel soll ja sein, dass du glücklich bist, und das erreichst du, wie bereits im Vorfeld gesagt, nicht durch bloße Veränderung, sondern dadurch, dass du dir Gedanken machst, wo du hinwillst und welche Ursachen dazu geführt haben, dass du dies noch nicht erreicht hast. Du bist dein Schlüssel zum Glück, du und niemand anders. Er ist bereits in dir, du musst ihn nur finden und benutzen. Sorge dafür, dass du dein Leben selbst in der Hand behältst, lasse es nicht zu, dass du ferngesteuert wirst. Lass dich in keiner Weise herabwürdigend behandeln – eine glückliche Beziehung wird immer auf Augenhöhe gelebt.

Wenn der Streit zu Gewalt wird, bin ich entsprechend sehr entschieden: Gewalt sollte man jedoch nie akzeptieren und in keiner Weise hinnehmen. Es gibt dafür wirklich keinen einzigen Grund.

6.
Das große Verliebtsein

Die wahrscheinlich schönste Zeit in einer Partnerschaft sind die ersten drei bis sechs Monate, die Zeit des Verliebtseins. Die Zeit, in der es außer dem Partner nichts anderes gibt. Nichts, aber auch wirklich gar nichts lassen wir auf den Partner kommen. Schwachstellen? Nein, Schwachstellen hat der Partner nicht. Egal, was dir jemand versucht einzureden, du siehst alles durch die rosarote Brille. Es spielt auch keine Rolle, wie man die gemeinsame Zeit verbringt, nachts bei Kälte und Regen eng umschlungen auf der Parkbank sitzen. Wie, es regnet? Ach, haben wir gar nicht bemerkt. Du hast Schmetterlinge im Bauch und schwebst auf der berühmten Wolke Sieben. In dieser Zeit sind wir nicht wir selbst. Unmengen an Glückshormonen durchströmen unseren Körper. Oxytocin, Serotonin, Noradrenalin, Dopamin, Östrogen und Testosteron – all diese Botenstoffe sorgen dafür, dass wir nicht klar denken können. Unser Körper bekommt einen regelrechten Glückscocktail verabreicht – wir sind vollgedröhnt. Wir fühlen uns unendlich stark, haben kein Schlafbedürfnis, sehen nicht nur die Partnerschaft, sondern die ganze Welt in strahlendem Licht. Jede Minute möchte man am liebsten nur mit dem Partner verbringen. Rechts und links gibt es nichts anderes.

Da fällt mir gerade eine richtig schöne Komödie ein, die genau diese Liebesblindheit widerspiegelt. Wahrscheinlich kennst du den fantastischen Film, er ist sehr bekannt und heißt »Schwer verliebt«. Ein großartiger Streifen aus dem Jahr 2001 mit Jack Black und Gwyneth Paltrow. Es geht darum, dass ein Mann Frauen nur nach der äußerlichen Schönheit betrachtet, innere Werte interessieren ihn nicht. Der Wendepunkt ist, dass er in einem Aufzug steckenbleibt. Nachdem er einem Leidensgenossen dort seine Sicht auf Frauen erläutert hat, hypnotisiert ihn dieser so, dass er die inneren Werte von Frauen als äußerliche Schönheit erkennt. Frauen, die vielleicht nicht ganz so hübsch sind, aber einen tollen Charakter haben, erscheinen ihm nun als Traumfrauen. Kurz darauf lernt er eine sehr übergewichtige Frau kennen, sieht aber nur die inneren Werte als Schönheit, sie erscheint ihm als mega schlank und super hübsch, und natürlich verliebt er sich in sie. Der Beginn einer tollen Komödie. Genau wie es dem Mann im Film ergeht, geht es vielen in den ersten Monaten des Verliebtseins. Wir sehen nur das Positive und finden alles klasse, was der Partner tut. Seine Schwächen und Marotten bleiben uns verborgen.

In dieser Phase gibt außerdem jeder sein Bestes. Es wird alles aufgefahren, was geht. Man präsentiert sich ausschließlich von seiner besten Seite. Bloß keine Schwächen zeigen. Immer für den Partner da sein, jedes Wort auf die Goldwaage legen. Immer top gestylt. Jeder kleinste Hinweis auf eine Schwäche wird sorgsam vermieden. Wir legen uns ins Zeug, so gut es geht. Anstrengung verspüren wir dabei nicht. Angetrieben von unseren Hormonen, fällt uns die Maskerade (es ist teils nichts anderes) spielend leicht. Wir sind in

Höchstform – wie könnte der Partner da etwas anderes für uns empfinden als Liebe.

Bitte sei nicht beunruhigt, wenn du diese Phase selbst nicht in solch starker Form erlebt hast. Die Intensität dieser Zeit ist ganz unterschiedlich. Nicht bei jedem muss sich dieser Lebensabschnitt so extrem zeigen. Bei vielen Partnerschaften entwickelt sich das Paar-Sein auch erst nach langer Freundschaft, beide Partner bemerken plötzlich, dass da mehr ist und dass sie beide mehr möchten. In dem Fall zeigt sich diese Zeit nicht mehr so intensiv. Bei anderen entwickelt sich dieses intensive Gefühl nur bei der ersten großen Liebe. Andere empfinden das Gefühl nie so extrem, bei ihnen erscheint alles nüchterner. Wir Menschen sind halt unterschiedlich und so auch unsere Empfindungen. Du brauchst dir für deine Partnerschaft keine Sorgen zu machen, wenn dieses extreme Verliebtsein bei dir nicht aufgetreten ist. Die Wissenschaft belegt, dass man der Intensität der Gefühle aus den ersten Monaten nicht entnehmen kann, ob die Beziehung im Verlauf der Zeit glücklich oder weniger glücklich werden wird.

Diese Stufe der Partnerschaft dauert etwa drei bis sechs Monate. Die Wissenschaft ist sich in Bezug auf die Länge noch nicht ganz einig. Einige sprechen von einem Jahr, andere sogar von bis zu achtzehn Monaten. Aus meiner Erfahrung sind die drei bis sechs Monate für die stärksten Empfindung am zutreffendsten. Tatsächlich spielt die genaue Länge dieser Phase sowieso keine Rolle. Wichtig ist nur, dass dir bewusst wird, dass sie unweigerlich zu Ende geht und dass dies ein ganz normaler, von der Natur vorgesehener Prozess ist, den du nicht verlangsamen oder aufhalten kannst, und dass das Schwinden dieses intensiven Gefühls nichts mit dem Schwinden der Gefühle für den Partner zu tun hat.

Nach der Verliebtheitsphase beginnt sich etwas zu verändern, die Beziehung rutscht in eine neue Ebene: in die Liebe. Wir sind immer noch dem Partner zugeneigt, allerdings sehen wir jetzt die ersten kleine Mankos. Das ist die Zeit, in der wir bemerken, dass der Partner die Zahnpastatube nicht schließt und den Toilettendeckel nicht runterklappt, dass er mit Socken ins Bett geht. Die rosarote Brille klärt sich und die Realität wird deutlicher.

So auch in der Komödie. Nachdem die Hypnose beendet wird, erkennt der Protagonist die tatsächliche Figur seiner Liebsten, aber mittlerweile hat er eben die inneren Werte entdeckt und wahrgenommen, und er erkennt, dass sie genau die Frau ist, die er haben will. Mit allen Schwächen und Stärken, so wie sie ist. Nicht sofort hat er dies erkannt, sondern erst nach der ersten Überraschung. Er musste sich erst mit der neuen Situation auseinandersetzen, sie begreifen.

Der mittlerweile leider verstorbene Paartherapeut Dr. Roland Weber hat die verschiedenen Veränderungsprozesse einer Partnerschaft in fünf Bereiche gefasst. Demnach durchläuft jede Liebe genau diese fünf Phasen, und zwar genau in dieser Reihenfolge. Sie sind aber je nach Paar unterschiedlich ausgeprägt und auch unterschiedlich lang. Nach jeder Phase wird die Liebe intensiver und erreicht eine neue, vertrautere Ebene. Schauen wir uns die fünf Ebenen mal genauer an. Ich habe die Definitionen der Ebenen nach meinen Ansichten erweitert sowie eigene Interpretationen ergänzt.

1. Verliebtheitsphase
2. Das Verliebtheitsgefühl geht
3. Der Kampf der Gegensätze
4. Das Ich, das Du und das Wir
5. Du bist mein Zuhause

1. Verliebtheitsphase

Die Verliebtheitsphase habe ich bereits zuvor ausführlich beschrieben. Der Partner erscheint fast vollkommen. Diese Phase verbrennt enorm viel Energie, außer dem Partner haben wir nichts anderes im Kopf, wir sind fast nicht produktiv. Aus meinen Erfahrungen findet diese Phase wie bereits zuvor erläutert nicht bei allen Paaren so intensiv statt, ich selbst kenne im Bekanntenkreis genügend glückliche Paare, die diese Phase nahezu übersprungen haben. Wie gesagt: Wie stark diese Zeit durchlebt wird, spielt keine

Rolle für die Chancen der Beziehung. Leider überstehen viele Paare diese schöne Zeit nicht, sie trennen sich kurz nach Ablauf. Es ist erst mal befremdlich, wenn die Schmetterlinge plötzlich verschwinden und sich die Gefühle verändern. Viele Paare erkennen nicht, dass dies nicht das Ende der Beziehung ist, sondern dass die Veränderung notwendig ist, um in die nächste Stufe einzutauchen. Sie verwechseln die Veränderung damit, dass sie keine Gefühle mehr für den Partner haben, und glauben, dass die große Liebe bereits vorbei ist. Das muss sie jedoch nicht sein. Die Veränderung ist ein ganz normaler Prozess, den jede Liebe durchläuft.

2. Das Verliebtheitsgefühl geht

Die rosarote Brille verschwindet mehr und mehr. Wir erkennen immer mehr Eigenschaften am Partner, die uns nicht so gut gefallen. Unterschiede zwischen uns und dem Partner werden erkennbarer, es entstehen die ersten Streitigkeiten. Wir erkennen in dieser Phase das Verbindende, aber auch das Trennende. Plötzlich fragen wir uns, warum wir einige Eigenschaften des Partners nicht vorher erkannt haben – war er denn schon immer so? Eine herausfordernde Phase, die wie gesagt viele Paare nicht überstehen. Zu groß scheinen die Unterschiede zwischen den beiden Personen zu sein. Wichtig ist, dass sich beide klar machen, dass die Verliebtheitsphase zwar beendet ist, aber jetzt die Chance besteht, echte Liebe zu erfahren. Wer in dieser Zeit aufgibt, wird nicht herausfinden, ob die Beziehung eine echte Chance gehabt hätte, denn dies erkennt man meist erst nach circa zwei bis drei Jahren. Am Anfang wird der Verlust der Verliebtheit noch zu stark wahrgenommen. Paare brauchen Zeit, um zu erkennen, dass eine neue Phase der Liebe begonnen hat. Die Verliebtheitsphase verschwindet nicht plötzlich, nicht von heute auf morgen, das ist ein schleichender Prozess. Erst nach der Verliebtheitsphase startet der Prozess der wahren Liebe. In Wahrheit sehen wir erst jetzt, wie der Partner wirklich ist. Nun gilt es, Kompromisse einzugehen, denn wie der Partner haben auch wir unsere Macken und unsere Laster, mit denen wiederum der Partner umgehen muss. Ja, so ist es, nicht nur der Partner scheint plötzlich eine Litanei an negativen Eigenschaften zu besitzen, auch für ihn tauchen plötzlich Dinge an dir auf, die er vorher nicht wahrgenommen hat. Es sind also nicht nur wir, die sich anpassen und umstellen müssen, sondern auch der Partner. Wir sind eben genauso unperfekt wie unser Partner, auch wenn wir das manchmal gerne anders sehen.

3. Der Kampf der Gegensätze

Nun überlegen wir immer mehr, ob der Partner unserer Wahl wirklich der richtige ist, seine negativen Eigenschaften werden uns immer deutlicher und beginnen uns auf die Palme zu bringen. Konflikte, Machtkämpfe und Rechthaberei nehmen zu. Keiner will nachgeben, jeder meint im Recht zu sein. Wir versuchen auf Biegen und Brechen den Partner zu verändern. Ihm zu zeigen, dass unsere Ansicht die einzig richtige ist. Es ist der Kampf der Gegensätze. Gleichzeitig ist es eine wichtige und ausschlaggebende Phase, denn hier entscheidet sich, wie weit man Kompromisse finden kann und will. Wie weit wir mit den Unterschieden in den Persönlichkeiten leben können und wollen. Nun geht es darum, dass sich die Revierkämpfe nicht so ausbreiten, dass man verletzend und ungerecht wird. Es ist notwendig, dass man kommuniziert und Streitigkeiten löst. Dass man gemeinsam versucht, einander nahe zu bleiben, und sich nicht zu sehr auf die Differenzen konzentriert. Wenn man diese Phase übersteht, wartet jedoch ein besonderer Lebensabschnitt in der Beziehung auf einen. Wir sind dann in der Lage, den Partner so zu akzeptieren, wie er ist, und wir können mit seinen Stärken und Schwächen umgehen.

4. Das Ich, das Du und das Wir

Wenn deine Partnerschaft die wichtige dritte Stufe überstanden hat, dann taucht ihr gemeinsam in die vierte Stufe ein. Nun kennst du deinen Partner und kannst ihn optimal einschätzen. Du hast die Kampfphase überstanden und akzeptierst deinen Partner so, wie er ist. Dies ist oft eine Lebensphase, in der ihr als Paar gut funktioniert, in der du aber gleichzeitig verstanden hast, dass du auch Zeit für dich benötigst. In der Phase ist es notwendig, genau das richtige Gleichgewicht zwischen dem Ich, dem Du und dem Wir zu finden. Zusammen sein und trotzdem dem Partner den Freiraum zugestehen, den er braucht, und auch sich selbst Zeit für sich zu nehmen. In der Phase akzeptierst du, dass jeder seine eigene Persönlichkeit hat, Eigenschaften hat, die mit deinen übereinstimmen, und andere, die anders sind. Du hast gelernt, mit den Marotten deines Partners umzugehen. Vielleicht beginnst du sogar zu verstehen, warum er an gewissen Stellen anders tickt als du. Ihr seid als Paar zusammengewachsen und habt eine gemeinsame Basis des Umgangs gefunden. In der Stufe ist es jedoch wichtig, dass ihr euch in Stufe drei nicht so sehr belastet habt, dass die Beziehung in eine Art Gleichgültigkeit gerutscht ist. Dass ihr einander wahrnehmt und dies auch zeigt.

5. Du bist mein Zuhause

Jetzt, in der fünften Phase, bist du am Ziel angekommen. Diese Stufe ist die Königsklasse. Jetzt hast du das Schlimmste (wenn ich es mal so ausdrücken darf) überstanden. Du bist absolut vertraut mit deinem Partner, ihr seid eine Einheit und ihr habt Vertrauen zueinander. Ihr erlebt ein fantastisches Gefühl der Geborgenheit. Ohne Täuschung und ohne euch zu verstellen könnt ihr miteinander umgehen, ihr kennt eure jeweiligen Schwachstellen, eure Macken und eure Vorlieben. Die Kraft, bis zu dieser Ebene zu gelangen, fehlt heute vielen Paaren. Aufgrund der Schnelllebigkeit, der Lockerheit und der veränderten Einstellung trennen sich Paare zu schnell in den ersten drei Phasen. Sie schaffen es nicht, die Hürden zu überwinden und die Kraft zu entwickeln, die man benötigt, um die fünfte und wohl perfekte

Stufe zu erreichen. Sie haben nicht den Kampfgeist und den Willen, die von der Natur bereitgelegten Hindernisse zu überwinden. Lieber trennt man sich und versucht es in einer anderen Partnerschaft. Oft ohne zu erkennen, dass dort alles von vorne losgeht und die gleichen Herausforderungen auftreten werden. Natürlich ist die vielleicht neu entstehende Verliebtheitsphase wieder eine tolle Zeit, aber auch in der neuen Partnerschaft geht diese zu Ende und es folgen die weiteren Stufen. Eine Beziehung besteht eben aus Durchhalten, Überwindung und Anstrengung, aus Verständnis und aus Kompromissen. Wie bei allen Zielen geht auch dieser Weg nicht gerade nach oben, sondern ist gespickt mit unzähligen Rückschlägen, mit Prüfungen, die uns auf die Probe stellen. Wenn du die Hürden überwunden hast, dann weißt du, wie du mit deinem Partner umgehen musst, ihr habt gemeinsam eine Menge Höhen und Tiefen durchlebt, ihr habt viele Situationen erlebt, die euch zusammenschweißen. Du weißt, wo du hingehörst, und fühlst dich bei deinem Partner wohl.

Nachdem meine Frau und ich zehn Jahre zusammen gewesen waren, befanden wir uns mitten in der dritten Stufe. Wir lebten ziemlich nebeneinander her. Jeder führte sein Leben, wir hatten viel Streit und waren uns in vielen Dingen nicht mehr einig. Wir hatten zwei Kinder, die unsere volle Aufmerksamkeit benötigten. Ich selber fühlte mich in der Beziehung vernachlässigt. Wir taten nur noch wenig gemeinsam und hatten uns irgendwie auseinandergelebt. Bei mir machte sich eine chronische Unzufriedenheit bemerkbar. Meine Frau und ich hatten eine großartige erste Phase. Wir hatten eine sehr intensive Verliebtheit, die sogar dazu führte, dass wir gleich in der Verliebtheitsphase heirateten. Wir fühlten uns extrem verbunden und wussten, dass wir für immer zusammenbleiben wollten. Es war ein so intensives Gefühl, dass es fast schon weh getan hat. Wir konnten in der Zeit keine zwei Minuten voneinander lassen. Meine Frau war Rumänin und lebte auch noch in Rumänien, sie war in Deutschland nur zu Besuch, als ich sie kennenlernte. Als sie nach vier Wochen zurückmusste, bin ich gleich hinterher, habe dann vier Wochen in Rumänien verbracht und sie dann mit nach Deutschland genommen. Genau dieser große Gegensatz zwischen Stufe drei und Stufe eins, diese totale Verliebtheit und Zuneigung im Gegensatz zu dem jetzt Erlebten, fast schon gleichgültigen Verhalten und den Streitereien, war das, was mir zu schaffen machte. Ich sehnte mich nach Geborgenheit und Zuneigung. Ich sehnte mich im Grunde nach der Verliebtheitsphase, dem intensiven Gefühl. Aber diese Phase kannst du nicht zurückholen. Du kannst nur versuchen, die Beziehung entsprechend positiv zu beeinflussen, doch dazu fehlte mir irgendwie die Kraft. Genau in der Phase kam es dazu, dass ich auf einer Tagung im Ausland eine andere Frau kennenlernte. Wir hatten eine wunderschöne Zeit, sie gab mir das, was meine Frau mir in dem Moment nicht geben konnte. Ich spürte wieder dieses Gefühl der Verliebtheit. Angetrieben von den Hormonen entschied ich mich, meine Familie zu verlassen. Ich war meiner Frau Offenheit und Ehrlichkeit schuldig, dafür hatten wir bereits zu viele Jahre zusammen verbracht. Nachdem ich meiner Frau von der neuen Bekanntschaft berichtet hatte, zog ich zu Hause aus. Nach circa einem halben Jahr kam es, wie es kommen musste. Die Verliebtheitsphase der neuen Beziehung veränderte sich, es entstanden die ersten kleinen Streitigkeiten und die ersten negativen Eigenschaften kamen zum Vorschein. Der Hormoncocktail ließ nach und es gelang uns wieder, klare Gedanken zu fassen. Erst jetzt wurde für mich immer mehr deutlich, was ich alles aufgegeben hatte. Erst jetzt konnte ich alles sachlich überblicken und bemerkte, dass ich meine Frau immer noch liebte und sehr zu ihr hingezogen war. Jetzt konnte ich mir wirklich über meine Werte klar werden und mir wurde bewusst, wie wichtig mir »Familie« ist – und die hatte ich fast aufgegeben. Nun, wo mir bewusst war, dass ich mich im Grunde in das Verliebtsein verliebt hatte, konnte ich alle Kraft zusammennehmen und um meine Familie kämpfen. Stück für Stück haben wir uns wieder angenähert und sind kurze Zeit später wieder zusammengekommen. Diese Zeit ist mittlerweile zehn Jahre her und wir befinden uns bereits seit längerem in Stufe fünf. Wir sind angekommen und wissen, dass unser Partner unser Zuhause ist.

Weil es so wichtig ist, sage ich es noch einmal: Das Verschwinden der Schmetterlinge ist kein Zeichen dafür, dass es mit eurer Liebe bereits zu Ende geht, sondern es ist ein ganz normaler, natürlicher Prozess, den die Natur genau so vorgesehen hat. Es ermöglicht erst den Beginn der nächsten Beziehungsstufen, die zu durchleben sind, bis man irgendwann am Ziel angekommen ist. Es gibt somit einen großen Unterschied zwischen Verliebtheit und Liebe. Das sind ganz unterschiedliche Prozesse in unserem Körper, die nur wenig miteinander zu tun haben.

Im Grunde hat es einen ganz einfachen Grund, warum die meisten Trennungen in den ersten Stufen erfolgen. Die Trennung vom Partner ist bereits biologisch vorprogrammiert. Nur wenn wir dagegen angehen und für die Beziehung kämpfen, wird es uns gelingen, sie dauerhaft zu halten. Unseren Urinstinkten entsprechend sind wir Menschen nur für ein begrenztes Zusammenleben vorgesehen. Aus dem Blickwinkel der Natur geht es beim Zusammenleben immer nur um die Fortpflanzung und das pure Überleben der Gattung Mensch. Um die Weiterentwicklung und Verbreitung der eigenen Gene. Erfahrungsgemäß geht das besser, wenn sich die Erbgüter unterschiedlicher Frauen und Männern mischen als nur die von zwei festen Partnern. Dies ist der Grund, warum die Phase der engen Zuwendung auf circa drei bis vier Jahre begrenzt ist. Diese Zeit reichte über Jahrtausende aus, um die Kinder aus dem Aller-Gröbsten heraus zu haben. Um der Trennung entgegenzuwirken, ist es erforderlich, dass uns diese biologischen Hintergründe bekannt sind. Uns sollte klar sein, dass wir für die Beziehung kämpfen müssen, um die ersten Phasen zu überbrücken und mit der Zeit die fünfte Stufe der Liebe erreichen zu können. Es ist dazu notwendig, den Willen zu entwickeln, Hürden und Hindernisse zu überwinden, und wir müssen an das gemeinsame Glück glauben.

Da spielt uns unsere Natur aber einen ganz schönen Streich: Auf der einen Seite sehnen wir uns nach langjährigen Beziehungen, aber erst nach entsprechenden Jahren erlangen wir die fünfte Stufe der absoluten Vertrautheit einer Partnerschaft. Und auf der anderen Seite versucht uns die Natur bereits nach wenigen Jahren vom Partner zu entfernen. Es liegt also an uns, die Natur zu überlisten und ihr entgegenzuwirken, um am Ende zu einer glücklichen und zufriedenen Partnerschaft zu gelangen. Eine Anstrengung, die wirklich lohnt. Denn sie trägt auf lange Sicht dazu bei, dass wir einen Partner haben, dem wir wirklich vertrauen und mit dem wir eine harmonische Zukunft erleben können.

7.
Der perfekte Partner

In der Phase der Verliebtheit haben wir wie beschrieben oft das Gefühl, dass wir den perfekten Partner gefunden haben. Alles ist super, besser könnte es gar nicht sein. Wir verstehen uns blind, heben den Partner auf ein Podest. Es gibt keinen Grund, daran zu zweifeln, dass er der Partner fürs Leben ist. Doch bereits in der zweiten Stufe beginnt sich das zu verändern. Wir sind uns nicht mehr ganz so sicher. Du hast ja im letzten Kapitel einiges über die einzelnen Stufen erfahren und weißt nun, dass wir immer genau diese Stufen durchleben. Du hast auch erfahren, dass die Natur darauf eingestellt ist, dass wir wechselnde Partner haben. Nun stellt sich die Frage, ob es den perfekten Partner dann überhaupt geben kann, und, wenn ja, was der perfekte Partner eigentlich ist. Das, was wir in der Verliebtheitsphase spüren und über unseren Partner denken, ist nicht das, was in Wahrheit einen perfekten Partner ausmacht. Erst das, was sich in Stufe drei und vier entwickelt, erst das ist es, was einen perfekten Partner ausmacht. Durch die gemeinsam erlebte Zeit, das Austragen der Kämpfe der Differenzen entwickelt sich eine intensive Beziehung. In der Zeit wird dir klar, ob der Partner das passende Deckelchen zu deinem Topf ist oder nicht. Du wirst merken, ob ihr mehr zusammenwachst oder euch weiter voneinander entfernt. Ob du mit den Marotten des Partners leben kannst, oder ob sie so schwer wiegen, dass du sie nicht akzeptieren kannst. Ob dein Partner der perfekte für dich ist, ergibt sich aus der Entwicklung, die ihr gemeinsam erlebt. Was dir klar sein sollte, ist, dass es den perfekten Partner, wie du ihn in der Verliebtheitsphase siehst, nicht gibt. Die Vollkommenheit eines Partners liegt tiefer und ist nicht das, was man üblicherweise unter Perfektion versteht.

Unsere Vorbilder in der Kindheit

Gehen wir mal einen Moment in unsere Kindheit zurück und schauen wir auf unsere Eltern und Großeltern. Die wenigsten Menschen haben positive Beispiele im Bereich der Partnerschaft. Die wenigsten haben wirklich glückliche Eltern erlebt. Entsprechend fehlen die Vorbilder, die uns dabei helfen, eine gute und glückliche Partnerschaft zu leben. Meine Eltern sind seit gut fünfzig Jahren verheiratet. Sie halten zusammen und sind füreinander da. In meiner Jugend habe ich sie aber nicht als glückliches Paar erlebt. Als ich geboren wurde, waren meine Eltern gerade zwanzig Jahre alt. Ein Alter, in dem man noch andere Sorgen hat. Beide waren beruflich eingebunden, sie mussten hart für ihr Geld arbeiten. Nebenbei wollten sie ein Eigenheim bauen. Ein früherer Stall mit Scheune meiner Großeltern sollte in ein gemütliches Wohnhaus umgebaut werden. Mein Vater hat alles selbst gemacht, da blieb nebenbei wenig Zeit für die Familie. Ja, wir haben Ausflüge gemacht, auch Zeit zusammen verbracht, aber das Gefühl von einer wirklich glücklichen Partnerschaft lebten meine Eltern mir nicht vor. Dies ist gar kein Vorwurf, sie haben alles getan, was ihnen in der Zeit möglich gewesen ist. Wahrscheinlich lieben sie sich auch sehr, sonst wären sie nicht seit fünfzig Jahren verheiratet. Wirkliche Zärtlichkeit oder Zuneigung war für mich aber nicht erkennbar. Es gab viel Streit und viele Differenzen. Ja, sie haben, wenn es darauf ankam, immer zusammengehalten. Sie haben viel, was eine Partnerschaft ausmacht. Nur dieses Glücksgefühl war für mich nie erkennbar.

Ein wirkliches Vorbild, wie man eine perfekte Beziehung führt, hatte ich also nicht. Ich bin da kein Einzelfall. Genau wie mir geht es dem Großteil der Menschen in Deutschland. Es fehlt uns an Vorbildern, an denen wir erkennen können, wie man eine wirklich glückliche Beziehung führen kann. Wir sind also auf uns allein gestellt. Natürlich gibt es Ausnahmen, es kann sein, dass es bei dir anders gewesen ist.

Wir streben nach Geborgenheit und Sicherheit

Wir suchen nach Partnern, die uns glücklich machen. Wir suchen nach Geborgenheit und Sicherheit. Wir wollen es besser machen als unsere Eltern, mehr von der Partnerschaft haben. Dabei bringen beide Seiten alles aus ihrer Vergangenheit, aus ihrer Kindheit mit in die Beziehung. Jeder bringt also sein eigenes Säckchen mit in die Beziehung. Nicht selten adaptieren wir Probleme, die unsere Eltern hatten. Diese Belastungen führen häufig zu Konflikten und verhindern, dass wir glücklich sind. Die Kunst ist, zu erkennen, dass man genau solch ein Säckchen mit sich herumträgt, erst dann ist man in der Lage, die Belastung abzulegen. Etwas zu verändern. Solange du die Hindernisse nicht wahrnimmst und erkennst, kannst du natürlich auch nichts daran ändern.

Akzeptiere Schwächen

Seine eigenen Schwächen und die des Partners zu akzeptieren, das ist Bestandteil einer glücklichen Beziehung. Niemand ist vollkommen und frei von Fehlern. Unsere Macken begleiten uns das ganze Leben. Es wird dir nicht gelingen, die Fehler deines Partners zu beseitigen. Du kannst nur an deinen eigenen arbeiten. Du kannst für den Partner da sein, kannst ihm, wenn er es wünscht, dabei helfen, seine Schwächen zu optimieren. Du kannst ihn aber nicht gegen seinen Willen verändern.

Den Partner ständig ändern zu wollen, ist eine der größten Gefahren in einer Partnerschaft. Ständig mosern wir rum und versuchen dem Partner unsere Ansicht und unseren Willen aufzuzwingen. Er soll dies anders machen und macht jenes falsch. Ich habe es schon erwähnt: Am liebsten wäre es uns manchmal, wir könnten uns klonen und so dafür sorgen, die Fehler des Partners zu beseitigen. Doch selbst wenn es dir gelingen würde, die Fehler zu beseitigen, wäre deine Partnerschaft nicht besser. Wir benötigen das Gleichgewicht in der Beziehung, alles muss ausgeglichen sein. Lass dem

Partner seine Schwachstellen und kümmere dich um deine eigenen. Manche Charakterzüge sind zudem nicht veränderbar: Du wirst zum Beispiel einen Chaoten nicht zum Pedanten machen. Wenn du gerne Fehler minimieren möchtest, dann arbeite an deinen, auf dem Weg minimierst du gleichzeitig die Schwächen deines Partners. Wir möchten in einer Partnerschaft doch gerne wir selbst sein, ohne Bedingungen und Vorgaben, daher lass doch auch deinem Partner diese Freiheit. Versuche nicht ständig, ihn zu verbiegen, sodass er in deine Schublade passt.

Dies bedeutet nicht, dass du mit allem einverstanden sein und alles gut finden musst. Wenn es Dinge in deinem Verhalten und in dem deines Partners gibt, die ständig zu Konflikten führen, dann findet Kompromisse, versucht einen Weg zu finden, wie ihr damit umgeht. Die Frage ist immer, welches Verhalten nun gerade das Problem darstellt, deines oder das deines Partners. Wenn du einen Sauberkeitsfimmel hast und dreimal am Tag putzt, dafür sorgst, dass man vom Boden essen kann, und dein Partner es zwar auch gerne sauber hat, er aber eben nicht auf jeden Krümel achtet, dann ist die Frage »Wer hat recht?« durchaus berechtigt. Bist du zu penibel oder er zu oberflächlich? Kommunikation und Kompromisse sind meist der Schlüssel für die Lösung. Frage dich, warum dir das Verhalten deines Partners in der Sache so wichtig ist. Vielleicht sind Gründe aus deiner Kindheit dafür verantwortlich. Aber auch bei den Kompromissen gibt es Grenzen. Dies ist zum Beispiel der Fall, wenn du deine eigenen Werte verletzen würdest. Wenn der Kompromiss beinhaltet, dass du deine eigenen Lebensansichten zu sehr verändern musst. Wo deine persönliche Grenze ist, musst du selbst herausfinden. Du entscheidest, bis wohin du mit gutem Gewissen mitgehen kannst und welche Kompromisse dein Glücksgefühl verhindern würden.

Dein bester Freund

Wie sieht es mit der Verbindung von Freundschaft und Partnerschaft aus? Kann mein Partner auch mein bester Freund sein? Kann er, es muss aber nicht so sein. Die Gespräche mit einem besten Freund finden meist außerhalb der eigenen vier Wände statt, sie geschehen selten mitten im normalen Tagesablauf. Auch die Streitpunkte mit einer Person, mit der man täglich in der gemeinsamen Wohnung lebt, sind ganz andere als die mit einem besten Freund. Wer wird schon mit seinem besten Freund über die nicht verschlossene Zahnpastatube streiten? Sich einem Partner anvertrauen zu können, ist wichtig und fördert das Vertrauen. Mit dem Partner über alles reden zu können, ist sehr wünschenswert. Es gibt jedoch einfach Dinge, über die man lieber mit jemand anderem sprechen möchte und auch sollte. Vielleicht sind es auch Dinge, die den Partner betreffen, über die man einfach mal mit einem Dritten sprechen will. Vielleicht hast du dich mit deinem Partner gestritten, vielleicht seid ihr unterschiedlicher Meinung, vielleicht gibt es Probleme mit deinem Partner – immer dann ist es von großem Vorteil, wenn du jemanden hast, mit dem du darüber sprechen kannst, dessen Meinung du erfragen kannst. Es ist oft sehr gut, einfach eine Meinung aus einem anderen Blickwinkel zu hören. Soziale Kontakte zu anderen zu halten ist für eine harmonische Beziehung überaus wichtig. Mindestens einen guten Freund zu haben, mit dem man außerhalb der Beziehung sprechen kann, den man um Rat bitten kann, der einem auch einfach mal zuhört, ist für die eigene Partnerschaft nicht schädlich, sondern in der Regel eher förderlich. Vieles sieht man von außen einfach viel klarer, als wenn man mitten im Geschehen steckt. Natürlich wird ein Freund eher zu dir halten als zum Partner, trotzdem können seine Ratschläge gute Impulse enthalten.

Lass deinem Partner seine eigene Meinung

Perfekt ist ein Partner nicht dann, wenn ihr euch nie streitet, wenn ihr euch nie anschreit, wenn ihr keine Konflikte habt oder wenn ihr nie unterschiedlicher Meinung seid. Es ist auch nicht erforderlich, dass er immer zu dir hält oder dir immer nach dem Mund redet. Er ist auch nicht dadurch perfekt, dass er immer zuvorkommend ist und dir stets alle Wünsche von den Lippen abliest. Das mögen alles sehr positive Eigenschaften sein, die sicher auch nicht schaden, wenn sie vorhanden sind. Aber wollen wir das wirklich? Jemanden, der zu allem Ja und Amen sagt, der immer und überall an unserer Seite ist? Ich glaube nicht. Wir brauchen auch den Konflikt, die Auseinandersetzung, wir brauchen jemanden, der schon mal eine andere Meinung hat und mit dem wir uns auch mal streiten. Es gibt eben keine Sonne ohne Schatten und keinen Sommer ohne Regen. Wie schön kann es außerdem sein, wenn man sich versöhnt! Ein perfekter Partner ist jemand, der für uns da ist, wenn wir ihn wirklich brauchen. Der uns zuhört, wenn wir es nötig haben. Der gerne mit uns Zeit verbringt und Verständnis für unsere Probleme zeigt. Es ist jedoch auch jemand, der uns sagt, wenn er eine andere Meinung hat, jemand, der uns auch mal widerspricht. Es ist jemand, mit dem wir auf vernünftiger Ebene auch mal streiten können. Jemand, dem wir wirklich vertrauen und bei dem wir uns geborgen fühlen, der neben der Gemeinsamkeit auch sein eigenes Leben führt. Ein perfekter Partner hat auch seine Ecken und Kanten. Wir wollen ja auch keinen Partner, der in allem fehlerlos ist (und damit besser als wir), wir wollen uns ja auch mal so richtig streiten können.

Und seien wir doch mal ehrlich, wer kann uns denn offen und ehrlich auf Missstände oder sogar Fehlverhalten hinweisen, auf Dinge, die wir vielleicht nicht so gut machen? Außer unserem Partner gibt es nicht viele Personen, die uns darauf aufmerksam machen würden – vielleicht noch gute Freunde oder Familienmitglieder –, doch dein Partner ist sicherlich derjenige, der es dir am ehesten sagen wird. Er ist in der Lage, dich auf den richtigen Weg zurückzubringen und vor schlimmeren Fehlern zu bewahren. Manches erkennen wir selbst nicht sofort, da ist es gut, wenn es jemanden gibt, der aufmerksam ist und uns frühzeitig dabei unterstützt, das eigene Verhalten zu hinterfragen. Er kann dir zum Beispiel sagen, wie du auf andere wirkst, vielleicht eher unfreundlich, abweisend, arrogant. Wie sehen dich andere? Das würde dir sonst kaum jemand sagen. Ich selbst schaue oft eher grimmig, das fällt mir meist gar nicht auf. Da machen die Gesichtszüge einfach, was sie wollen, meist wenn ich irgendwie in Gedanken bin. Außer im Spiegel sieht man sich ja auch selbst selten, und wie man in diesen Momenten dreinschaut, ist einem in der Regel ja klar. Gerade nach Vorträgen, wenn ich dann für Autogramme an meinem Büchertisch stehe, passiert es mir manchmal, dass ich in Gedanken noch ganz beim Vortrag bin. Ist es gut gelaufen? Bin ich mit mir zufrieden? Habe ich alles gesagt, was ich sagen wollte? Habe ich das Publikum erreicht? Was kann ich beim nächsten Mal noch besser machen? In der Situation bin ich dann echt dankbar, wenn meine Frau mir einen kleinen Stoß in die Seite gibt – unser Zeichen, dass ich abwesend wirke. Mein Ziel ist es, dass ich ganz für meine Zuhörer da bin und ihnen meine volle Aufmerksamkeit schenke. Und dabei möchte ich natürlich auch freundlich und geistesanwesend wirken. Wer würde mir außer meinem Partner schon ehrlich sagen: »Hey! Gesicht ändern!« Manchmal ist es wirklich hilfreich, wenn da jemand ist, der dich korrigieren kann.

Vielleicht siehst du deinen Partner bereits mit etwas anderen Augen und erkennst, dass er doch gar nicht so schlecht ist, wie du angenommen hast. Vielleicht wird dir bereits bewusst, dass es oft ganz andere Eigenschaften sind, die einen wirklich guten Partner ausmachen, als man im ersten Moment vermuten würde.

8.
Eifersucht in der Beziehung

In gewissen Maßen kennen wir das wohl alle. Dieses ungute Gefühl, das entsteht, wenn uns die Angst überfällt, dass der Partner mit jemand anderem glücklicher sein könnte als mit uns selbst. Das Gefühl, wenn wir nicht wissen, wo der Partner ist, was er gerade so macht, oder wenn er mehr Zeit ohne uns verbringt als mit uns. Wenn er keine Zeit für uns hat, weil er sich um anderes kümmert. Das ungute Gefühl, dass der Partner von anderen umschwärmt wird oder sogar mit jemand anderem flirtet. Die Tatsache, dass die meisten Eifersucht kennen und zumindest gelegentlich verspüren, bedeutet nicht, dass sie gut ist. Eifersucht ist negativ und kein Gefühl, das uns angeboren ist. Sie ist schädlich für unsere Beziehung, und wenn wir sie im Übermaß verspüren, sollten wir daran arbeiten, sie loszuwerden. Darin steckt bereits die gute Nachricht: Eifersucht ist überwindbar, sie ist nicht gengesteuert, sondern ist ein Gefühl, das sich im Laufe des Lebens aufgrund von Erfahrungen entwickelt. Eifersucht ist somit auch nicht vererbbar.

Eifersucht – eine explosive Mischung

Der Psychologe Dr. Rolf Merkle beschreibt, dass Eifersucht in Wahrheit nicht ein einziges Gefühl ist, sondern ein regelrechter Gefühlscocktail. Zu dieser Mischung gehören zum Beispiel die Angst, nicht gut genug zu sein, Misstrauen, sich vernachlässigt fühlen, Neid, Kontrollsucht, Schuldgefühl, Ärger, Wut, Hass. Eifersucht ist also eine Zusammensetzung aus einer Menge unterschiedlicher, durchweg negativer Gefühle. Sie resultiert aus Angst vor Liebesverlust, aus der Angst, betrogen zu werden, nicht gut genug und nicht liebenswert zu sein. Woher kommt dieses Gefühl? Was geschieht mit uns, wenn es uns beherrscht?

Eifersucht entsteht im Wesentlichen aus mangelndem Selbstvertrauen. Wenn du dich selber nicht akzeptierst, wenn du dich nicht liebst, wenn du mit dir selbst nicht zufrieden bist, fällt es dir schwer zu glauben, dass dein Partner anders denkt. Du entwickelst in dir die Überzeugung, dass du für deinen Partner nicht gut genug bist und er sich sicher anderweitig orientieren wird. Dadurch entsteht Angst: Angst, verlassen zu werden und dann alleine dazustehen. Es ist also paradoxerweise der Zweifel an dir selbst, der dich an deinem Partner zweifeln lässt.

Die Wurzeln der Eifersucht

Sehr häufig steckt die Ursache für Eifersucht darin, dass wir in der Kindheit Abwertungen erlebt haben. Aussagen wie »Das schaffst du nicht«, »Das kannst du nicht«, »Du bist nichts wert«, »Du Versager, andere können das viel besser als du« setzen sich mit der Zeit immer tiefer in uns fest. Das Sprichwort »Steter Tropfen höhlt den Stein« drückt dies sehr treffend aus. Herabsetzende Aussagen werden oft nur so nebenbei und gar nicht unbedingt in böser Absicht geäußert, wenn sie jedoch immer wieder kommen, dann lösen sie später Eifersucht aus. Denn sie bringen uns dazu, uns minderwertig zu fühlen. Auch Misshandlungen in der Kindheit sind Auslöser für ein mangelndes Selbstwertgefühl und fördern ein späteres eifersüchtiges Verhalten.

Die meisten von uns haben außerdem in der Kindheit immer wieder Situationen erlebt, in denen wir uns einsam gefühlt haben. Die Erinnerung an dieses negative Gefühl spielt häufig eine wichtige Rolle, denn dieses Gefühl wollen wir vermeiden, indem wir den Partner an uns binden. Solange du in dir das Gefühl trägst, dass du nicht gut genug bist, wird es dir schwerfallen, das Gefühl der Eifersucht zu überwinden. Eifersucht entsteht dabei nicht nur anderen Menschen gegenüber, sondern man kann auch auf die Arbeit, den Sport, Kinder aus anderer Ehe und so weiter eifersüchtig sein. Alles, was in dir das Gefühl erwecken könnte, dass etwas wichtiger ist als du selbst. Alles, für das dein Partner Zeit aufwendet, kann Eifersucht auslösen. Sie wird im Laufe des Lebens also durch eine ganze Menge Einflussfaktoren beeinflusst: Erfahrungen in der Vergangenheit, eigene Akzeptanz sich selbst gegenüber, Umgang in der Partnerschaft, Verhalten des Partners.

Eifersucht gegenüber dem Partner resultiert außerdem immer aus mangelndem Vertrauen. Misstrauen verursacht die benannten Ängste. Vertrauen hingegen verursacht keine Angst. Aufgrund unserer Erfahrungen fällt es uns schwer, hundertprozentiges Vertrauen zum Partner aufzubauen.

Dieses Vertrauen ist jedoch die Basis für eine glückliche Partnerschaft – wenn es dir gelingt, Vertrauen zu intensivieren, dann minimierst du dadurch gleichzeitig deine Eifersucht. Vertrauen ist eine Entscheidung, die du triffst. Du entscheidest, durch Gedanken und Handlungen, ob du deinem Partner vertraust. Es passiert ausschließlich in deinem Kopf. Vertrauen ist lernbar; es aufzubauen, ist ein Prozess, der je nach Erfahrung Zeit benötigt.

Eifersucht ist nicht Liebe

Im Grunde hat die Eifersucht also erst einmal gar nichts mit dem Partner zu tun, sondern mit dir. Eifersucht ist nicht Liebe, sie ist nur ein Mix aus unterschiedlichen Gefühlen, der gesteuert durch die Verlustangst entsteht. Durch die vermehrte Ausschüttung von Testosteron und Cortisol wird der Körper so aktiviert, als wenn ein Kampf bevorstehen würde. Dieses Verhalten wurde bereits bei den Vorfahren der Menschen nachgewiesen und auch bei Tieren beobachtet. Heutzutage bliebt der Kampf ja (glücklicherweise) meist aus – und so führt der Hormonüberschuss unter Umständen zu chronischem Stress. Stress setzt dich unter Druck und verhindert, dass du rational handelst. Daher reagierst du häufig unangemessen stark, wenn du eifersüchtig bist. Ein Team von Wissenschaftlern um Karen Bales von der University of California hat in einer Studie herausgefunden, dass bei der Empfindung von Eifersucht jene Hirnregionen aktiv sind, die bei sozialem Schmerz und Paarbindung aktiv werden. Eifersucht tut also im wahrsten Sinne des Wortes weh und löst ähnliche Gefühle aus wie soziale Zurückweisung.

Frauen und Männer reagieren unterschiedlich

Wissenschaftlich wurde bisher nicht erhoben, ob Eifersucht eher bei Männern oder Frauen auftritt, es scheint aber ziemlich im Gleichgewicht zu sein. Eine Studie von David M. Buss aus dem Jahr 1992 hat jedoch ergeben, dass Frauen und Männer auf unterschiedliche Auslöser eifersüchtig reagieren. Buss belegt, dass Frauen eher auf tatsächliche oder eingebildete emotionale Untreue mit Eifersucht reagieren und Männer eher auf tatsächliche oder eingebildete sexuelle Untreue. Männer bewerten außerdem ihre Rivalen eher nach Status, Kraft und materiellen Aspekten; Frauen eher nach Schönheit und Jugendlichkeit. Wenn wir wieder einen kleinen Ausflug in die Evolution des Menschen machen, dann gibt es wieder eine recht einfache Erklärung für die unterschiedlichen Reaktionen bei Männern und Frauen: Männer wollen vor allem sicherstellen, dass sich ihre eigenen Gene weitergeben und verbreiten. Frauen hingegen brauchen für sich und ihre Kinder einen Mann, der in der Lage ist, Futter heranzuschaffen und die Familie zu ernähren – und dazu muss er gefühlsmäßig bei der Sache bleiben, zumindest so lange, bis die Kinder einigermaßen selbstständig sind.

Eifersucht verursacht einen Fluchtinstinkt

Zu starke Eifersucht führt dazu, dass dein Partner sich eingeengt fühlt. Er verliert das Freiheitsgefühl und wird dadurch umso stärker nach Freiheit streben. Durch dein Verhalten verursachst du bei deinem Partner also eine Art Fluchtinstinkt: Er will aus der Situation heraus, er will sich frei fühlen. Durch das Einengen bewirkst du genau das Gegenteil dessen, was du eigentlich möchtest. Du möchtest, dass dein Partner dir mehr Zuneigung, mehr von seiner Zeit schenkt. Deinen Partner wird es jedoch stärker nach Freiheit drängen – von dir weg – und am Ende geschieht genau das, was du in deiner Eifersucht und deinem Misstrauen befürchtest: Dein Partner wird sich jemand anderem zuwenden. Die Eifersucht führt also nicht dazu, dass dir dein Partner näher kommt, sondern genau das Gegenteil ist der Fall: Du sorgst dafür, dass er sich von dir entfernt.

Eifersucht – ein echter Beziehungskiller

Eifersucht ist einer der stärksten Killer von Beziehungen. Sie ist übrigens auch eines der stärksten Mordmotive. Auch im Bereich des Selbstmordes spielt Eifersucht eine starke Rolle – ein Beispiel ist meine eigene Situation als Jugendlicher, über die ich bereits berichtet habe. Eifersucht kann sich krankhaft steigern, bis in die wahnhafte Eifersucht. Aber wie findet man heraus, ob eine Eifersucht bereits krankhaft ist? Wir alle haben einen gewissen Besitzanspruch und wollen diesen auch aufrechterhalten und verteidigen. Bis zu einem gewissen Grad ist dies auch förderlich, es zeigt dem Partner, dass du dich für ihn interessierst, dass du dir wünschst, dass er Zeit mit dir verbringt und dass ihr zusammenbleibt. Du signalisierst ihm, dass er dir wichtig ist. Wenn keinerlei Eifersucht vorhanden ist, entsteht schnell der Eindruck, dass dir dein Partner gleichgültig ist. Problematisch wird es dann, wenn du anfängst, deinen Partner zu kontrollieren: sein Handy überprüfst, ihm nachspionierst, ihm verbietest, sich mit anderen zu unterhalten. Manchmal ist der Übergang von normaler zu krankhafter, zerstörerischer Eifersucht fließend. Eifersucht kann sich mit der Zeit immer mehr verstärken und dazu führen, dass du dich immer mehr hineinsteigerst, indem du deinen Partner ständig ungerechtfertigt verdächtigst und ihm Seitensprünge vorwirfst. Bei extremer oder sogar schon krankhafter Eifersucht ist es mehr als empfehlenswert, therapeutische Hilfe in Anspruch zu nehmen. Ziel muss sein, die Ursache zu finden und zu bearbeiten. Nur so kannst du oder kann der betroffene Partner auf Dauer eine normale Beziehung führen.

Selbstbewusstsein mindert Eifersucht

Bei mir konnte sich meine extreme Eifersucht aus der Jugend mit den Jahren dadurch verringern (und fast komplett auflösen), dass sich mein Selbstvertrauen und mein Selbstbewusstsein verstärkt haben. Es war für mich wichtig zu erkennen, dass die Fehler, die ich gemacht habe, nichts mit mir als Person zu tun haben. Damit meine ich, dass meine

Schwächen und Fehler nicht meinen Wert als Mensch mindern. Es war für mich wichtig zu lernen, für meine eigenen Fehler und Schwächen genauso viel Verständnis aufzubringen wie für die anderer. Wie ist das, wenn ein guter Freund zu dir kommt und dir erzählt, dass er so richtig Mist gebaut hast? Du wirst versuchen, ihn aufzubauen, richtig? Du wirst tröstende Worte finden und mit Rat zur Seite stehen. Genau das gleiche Verständnis benötigen wir für uns selbst. Dein Selbstvertrauen wird durch die eigene Selbstachtung gestärkt. Bei mir kam das nicht von heute auf morgen, sondern es war ein längerer Prozess. Wenn du an übermäßiger Eifersucht leidest, dann solltest du unbedingt etwas dagegen tun. Du musst die Ursache ermitteln und beginnen, daran zu arbeiten. Wenn du dies nicht tust, wird es dir auf Dauer nicht möglich sein, eine ausgeglichene und harmonische Beziehung zu führen. Vertrauen und Geborgenheit sind zwei der wichtigsten Grundsteine einer glücklichen Beziehung. Beides steht im Gegensatz zu übermäßiger Eifersucht.

Eifersucht entwickelt sich

Ebenso wenig wie sie von jetzt auf gleich verschwindet, entsteht Eifersucht aus dem Nichts. Sie entwickelt sich im Laufe der Jahre durch deine Erfahrungen und steigert sich unter Umständen. Wenn du als Kind zum Beispiel miterlebt hast, dass ein Elternteil fremdgegangen ist, oder du in einer früheren Beziehung betrogen worden bist, dann kann deine Eifersucht dadurch gefördert werden. Das Fremdgehen des

Partners hat immer eine Ursache. Du verhinderst es jedoch nicht durch exzessive Eifersucht, sondern du förderst es damit eher noch. Fremdgehen wird eher dadurch verhindert, dass ihr eine gute Beziehung führt. Wenn in der Beziehung alles stimmt, wenn Vertrauen und Geborgenheit vorhanden sind, wird dein Partner dir in der Regel treu sein. Natürlich gibt es auch hier Ausnahmen – dann stellt sich die Frage, ob es der richtige Partner ist. Wenn es zum Seitensprung gekommen ist, dann ist es wichtig zu überlegen, ob du in der Lage bist, dies zu verzeihen und gemeinsam mit dem Partner die Ursache zu finden und zu beseitigen. Nur wenn ihr beide gewillt seid, die Beziehung auf eine neue Vertrauensbasis zu stellen, kann die Fortführung der Partnerschaft dauerhaft funktionieren.

Die Eifersucht des Partners

Was aber, wenn nicht du, sondern dein Partner extrem eifersüchtig ist, wenn er dich ständig kontrolliert und einengt? In dem Fall kannst du ihm Geborgenheit geben, ihm zeigen, dass er sich immer auf dich verlassen kann. Du kannst ihm durch Gesten und Verhaltensweisen signalisieren, dass er bei dir Geborgenheit findet und dass du nichts zu verbergen hast. Wenn du Vertrauen entstehen lassen willst, solltest du absolut zuverlässig sein, Versprechen unbedingt einhalten, von dir aus – nicht erst auf Nachfrage hin – erzählen, was du gemacht hast und mit wem, und deinem Partner Einblicke geben in das Leben, das du außerhalb der Beziehung führst.

Hilf ihm außerdem dabei, sein eigenes Selbstvertrauen und sein Selbstwertgefühl zu steigern, denn wie wir gesehen haben, liegen hier die Wurzeln der Eifersucht.

Auch in diesem Zusammenhang gilt: Durch die Veränderung deines Verhaltens ändert sich häufig auch das Verhalten deines Partners. Wirklich ändern kannst du ihn jedoch nicht, das kann nur er selbst. Wenn die Eifersucht bereits krankhafte Züge hat, dann kannst du ihm nur deutlich machen, dass sich etwas ändern muss, wenn er dich behalten möchte. Du kannst ihm nahelegen, therapeutische Hilfe in Anspruch zu nehmen und ihm anbieten, ihn dabei zu unterstützen. Mehr kannst du nicht tun. Wenn er nicht bereit ist, sich helfen zu lassen, wenn er nicht einsieht, dass eine Veränderung notwendig ist, dann bist du machtlos. Dann kannst du nur für dich überlegen, ob du weiterhin mit der jetzigen Situation leben möchtest, ob du so dein wirkliches Glücklichsein finden kannst, oder ob sie eine Belastung für dich bedeutet. Manchmal kann eine Trennung dann der richtige Weg sein.

Verzeihen – Voraussetzung für eine harmonische Partnerschaft

Wenn es dir nicht gelingt, zu verzeihen, zu vergessen und von Neuem zu vertrauen, dann ist die Gefahr groß, dass sich bestimmte Situationen wiederholen und die Beziehung am Ende zerbricht oder du sehr unglücklich in einer Partnerschaft festsitzt. Kontrolle bringt dich nicht nach vorne, Vertrauen ist das, was du brauchst. Wenn dein Vertrauen mehrfach missbraucht wird, musst du für dich entscheiden, ob es noch Lösungen gibt oder ob du in dieser Situation nicht glücklich werden kannst. Denn dein Ziel muss es sein, selbst wirklich glücklich zu sein. Die Angst vor dem Alleinsein, die Angst vor der Veränderung darf nicht dazu führen, dass du ewig in einer unglücklichen Beziehung bleibst. Für den Partner, für die Beziehung kämpfen, das ist immer richtig und sinnvoll. Wenn du jedoch keine gemeinsame Ebene mehr findest, wenn das Vertrauen nicht mehr aufgebaut werden kann, dann kann es der bessere Weg sein, die Partnerschaft zu verlassen. Ich kann nur empfehlen, frühzeitig Paartherapeuten hinzuzuziehen. Wenn dir wirklich etwas an deiner Beziehung liegt und es durch Eifersucht oder durch Fremdgehen Konflikte gibt, kann ein Unbeteiligter bei der Lösung helfen. Viele scheuen sich vor diesem Schritt, denken, dass sie alles alleine hinbekommen. Ich erlebe zu oft, dass dies nicht der Fall ist – viele Ehen und Beziehungen könnten problemlos gerettet werden, nähme man Hilfe in Anspruch. Auch meine Frau und ich haben uns vor zehn Jahren in unserem großen Tief helfen lassen. Für uns war das der beste Schritt, um die Beziehung schnell auf eine harmonische Ebene zu stellen. Ich bin nicht sicher, ob wir es damals ohne Unterstützung geschafft hätten, zumindest hätten wir viel länger gebraucht, um wieder eine vertrauensvolle Basis zu finden.

9.
Ehrlichkeit und Offenheit –
überbewertet?

Sind Ehrlichkeit und Offenheit einer Beziehung zuträglich? Oder schaden sie mitunter sogar? »Es kommt darauf an«, wie Beckenbauer immer so schön gesagt hat.

Wenn wir allgemein gefragt werden, ob wir Ehrlichkeit von unserem Partner erwarten, dann sind wir schnell dabei zu antworten, dass wir natürlich absolute Ehrlichkeit erwarten. Ich würde sagen, dass das ganz schön schnell dahingesagt ist und echt nach hinten losgehen kann. Stell dir nur mal vor, dein Partner steht wie Gott ihn schuf vor dem Ganzkörperspiegel und fragt dich: »Du, Schatz, findest du, dass ich fett geworden bin?« Glaubst du, du sammelst Pluspunkte, wenn du jetzt wirklich ehrlich bist? Andersherum: Wenn du vor dem Spiegel stehst, wünschst du dir dann absolute und gnadenlose Ehrlichkeit?

Zugegeben, das ist ein Beispiel, bei dem auf der Hand liegt, dass hier eine »gute Lüge« der bessere Weg ist. Aber es gibt Situationen, wo das nicht ganz so leicht zu entscheiden ist.

Ehrlichkeit schafft Vertrauen

Ehrlichkeit an sich gehört zur Liebe, sie schafft Vertrauen und sorgt für ein Geborgenheitsgefühl. Das Gefühl, dass dir dein Partner Dinge anvertraut, die er noch niemand anderem gesagt hat, macht einen ein Stück weit stolz und gibt einem ein positives Gefühl. In der Regel sind es die eher banalen Dinge, die wir eher für uns behalten sollten. Gute Gründe, etwas zu verschweigen, liegen oft in der Tatsache, dass wir den Partner nicht verletzen möchten. Nicht jeder Flirt, jeder Seitensprung, der ausschließlich im Kopf stattfindet, nicht jede Beurteilung des anderen ist geeignet, Gegenstand absoluter Ehrlichkeit zu werden. Die Kunst besteht darin, die richtige Balance zu finden. Im Wesentlichen sind Ehrlichkeit und Offenheit ein wesentlicher Bestandteil für eine funktionierende Beziehung; sie werden sicher nicht überbewertet. Manchmal ist vor allem erheblich, wie man sich offen und ehrlich ausdrückt. Eine gewisse Diplomatie in der Ausdrucksweise schadet sicher nicht, auch wenn man ehrlich seine Meinung zum Ausdruck bringt. Ich gebe zu, dass es in der Praxis nicht ganz einfach ist, die richtige Balance zu finden. Auf der einen Seite stehen Ehrlichkeit und Offenheit, auf der anderen Seite steht das Abwägen, was man nicht unbedingt erzählen sollte, um den Partner nicht zu verletzen.

Der Partner – keine Selbstverständlichkeit

Eine kleine Spur von Unsicherheit ist der Beziehung unter Umständen sogar förderlich: Wer sich der Zuneigung und der Loyalität des Partners zu sicher ist, der betrachtet den Partner bald als selbstverständlich. Damit schwinden der Respekt und die Bemühung um den Partner. Es führt auch schnell dazu, dass man sich im heimischen Umfeld unendlich gehen lässt und alle seine unangenehmen Macken vollends auslebt. Die Liebe ist kein Freifahrtschein dafür, sich nicht an gewisse Anstandsregeln zu halten. Wenn wir das nicht beherzigen, verletzen wir schnell die Würde und Selbstachtung des Partners. Liebe ist nicht unbegrenzt und es ist durchaus vorteilhaft, auch einem Partner, mit dem man seit vielen Jahren zusammen ist, die besseren Seiten von sich zu zeigen. Immerhin soll ja auch seine Zuneigung und Liebe zu dir Bestand haben. Eine gewisse Unsicherheit fördert also das positive Verhalten gegenüber dem Partner und die Wertschätzung ihm gegenüber. Ein wirkliches Rezept gibt es nicht, du musst für dich den richtigen Weg finden, der deiner Moralvorstellung entspricht.

Im Zweifel immer bei der Wahrheit bleiben

Meine Empfehlung ist aber, möglichst bei der Wahrheit zu bleiben. Ehrlichkeit und Offenheit an sich sind wichtige Grundlagen einer harmonischen Beziehung und sollten nie infrage gestellt werden. Wie soll Vertrauen entstehen, wenn der Partner nicht offen und ehrlich ist, wenn man sich auf ihn nicht verlassen kann? Lügen geht also gar nicht. Ob man allerdings immer alles sagen sollte, muss situationsbedingt entschieden werden. Manchmal kann es auch besser sein, etwas nicht zu sagen. Zudem ist meist nicht entscheidend, was man sagt, sondern wie man es sagt. Behandle den Partner mit Respekt und zeige ihm deine Wertschätzung, dann bist du meist auf der sicheren Seite. Es kommt auch immer darauf, was dein Partner von dir und der Beziehung erwartet. Manche Menschen wollen von sich aus lieber nicht alles ganz genau wissen, anderen ist die schonungslose

Wahrheit lieber und sie können auch damit umgehen. Um auf Beckenbauer zurückzukommen: Es kommt eben auf die Umstände an, wenn man entscheiden will, was genau zu tun ist. Wenn du von mir ein Allheilrezept erwartest, dann muss ich dich enttäuschen – das gibt es nicht.

Schauen wir uns mal ein spezielles Beispiel an: Beichtest du nun einen Seitensprung oder nicht? Ehrlichkeit und Offenheit sind sicher der beste Weg; dein Partner wird jedoch sehr verletzt sein. Es kann dazu führen, dass die Beziehung extrem belastet wird oder sogar zerbricht, denn das Vertrauen deines Partners wird sehr erschüttert sein. Wenn du nichts sagst, dann belastet es zwar die Beziehung auf den ersten Blick nicht, aber was ist mit deinem Gewissen: Kannst du in aller Ruhe damit leben? Vielleicht spürt dein Partner trotzdem, das etwas war. Dann wird er misstrauisch und unsicher, die Beziehung wird ebenfalls belastet. Im Grunde ist gar nicht das Fremdgehen das Problem, sondern die Ursache, warum du deinen Partner betrogen hast. Was war der Grund dafür, warum hattest du das Bedürfnis, jemand anderem nah zu sein? Vielleicht passt dir etwas beim Sex mit dem Partner nicht oder du hast sexuelle Neigungen, die dein Partner nicht erfüllen kann oder will, vielleicht brauchst du einfach ab und zu die Abwechslung, vielleicht hast du dich in jemand anderen verliebt, vielleicht war es die Situation, aus der heraus es sich ergeben hat. Vielleicht hast du dich zuvor mit dem Partner gestritten und suchtest nach Trost, vielleicht fühlst du dich eingeengt in der Beziehung, vielleicht habt ihr den Status der Gleichgültigkeit in der Beziehung erreicht, vielleicht hat dich die andere Person einfach gereizt, vielleicht gefällt dir der Nervenkitzel. Vielleicht brauchtest du nur das Gefühl, dass du bei anderen noch Chancen hast, vielleicht hast du intensive Wertschätzung erfahren. Es gibt Hunderte von Gründen, immer wieder mit anderen Ursachen, und jeder Grund hat eine andere Konsequenz. Wenn du die Ursache kennst, dann weißt du auch eher, wie du reagieren musst. In der Regel wird es notwendig sein, in der Beziehung etwas zu verändern. Löse die Ursache und du kommst dem Ziel und dem Glück um einiges näher.

10.
Magic Moments
in der Beziehung

Ich vergleiche die Phase der Verliebtheit immer sehr gerne mit einem Feuer im Kamin. Wenn du das Feuer entfachst, dann entsteht erst mal eine sehr große Flamme. Genau so ist das auch bei der Verliebtheit. In den ersten drei bis sechs Monaten, also auf der ersten Stufe der Liebe, entsteht die Flamme der Verliebtheit. Das Feuer ist hell, gigantisch und nimmt alles ein, was ihm zu nahe kommt. Wenn man das Feuer nach dem Anzünden erst mal machen lässt, dann wird diese Flamme, nachdem sie sich voll entfaltet hat, mit der Zeit kleiner. Nach und nach entwickelt sie sich zu einer stabilen Glut. Diese Glut sorgt dann für eine angenehme mollige Wärme. Es ist zwar keine Flamme zu erkennen, aber die Glut lodert angenehm vor sich hin und erfüllt uns mit Wohlgefühl.

Diese Phase vergleiche ich mit der zweiten Stufe der Liebe, die direkt nach der Verliebtheitsphase folgt: Wir sind vertraut miteinander, alles ist schön, wir befassen uns neben dem Partner so langsam auch wieder mit anderen Dingen. Wir sind glücklich zusammen auf einer gesunden Basis. Trotzdem erkennen wir zum ersten Mal die Schwachstellen des Partners. Wenn wir konstant in der ersten Stufe, bei der großen Flamme, bleiben würden, dann würden wir viel zu viel Energie verbrennen, die Hitze im Raum wäre nach einiger Zeit kaum noch auszuhalten. Daher lassen wir das Feuer zur Glut werden. In unserer Beziehung ist das im Grunde genau das Gleiche. Es kommt eine neue Phase, und das ist genau richtig so. Nun kommt es mit der Zeit dazu, dass die Glut kleiner wird, und wenn du kein Holz nachlegst, geht das Feuer ganz aus. Wie in unserer Beziehung: Wenn die Zeit ins Land geht und du nicht ab und zu Energie nachlieferst, dann ist die Gefahr groß, dass die Liebe verschwindet. Dies ist die benannte dritte Stufe. Es ist also für den Fortbestand der Beziehung zwingend erforderlich, hier und da Energie zu investieren: Wie beim Feuer musst du darauf achten, dass die Glut bestehen bleibt.

Nicht von der Routine einholen lassen

Mit den Jahren rutschen wir gerne in Routine und festgelegte Abläufe, alles ist eingefahren und normal. Streitigkeiten nehmen zu und die negativen Eigenschaften des Partners fangen an zu nerven. Dies lässt die Freude auf den Partner schrumpfen. Wir brauchen jetzt Energielieferanten, um die Beziehung spannend und aufregend zu halten. Ich nenne diese Lieferanten immer Magic Moments. Das kann der Blumenstrauß sein, den du ab und zu mit nach Hause bringst. Es kann das gemeinsame Abendessen sein. Der spontane Theaterbesuch. Alles, was für den Moment die Routine durchbricht, kann ein Magic Moment sein. Ich habe für solche Dinge im Zuge der »Glücksmacher«-Reihe auch das »Glücksscheinheft« entwickelt. Es beinhaltet zwölf Gutscheine, welche die Zweisamkeit fördern. Einfach mal gemeinsam kochen. Mal eine Radtour oder auch ein gemeinsames Frühstück außer Haus. Dinge machen, die nicht zum

Alltag gehören, die man nicht immer macht. Der Beziehung immer mal wieder einen kleinen Kick geben. Das müssen nicht immer große oder teure Sachen sein. Die Gutscheine in meinem Glücksscheinheft drehen sich alle um Dinge, die kaum etwas kosten, jedoch Glücksgefühle produzieren. Prüfe regelmäßig, welche Magic Moments in deiner Beziehung zu Energielieferanten werden können.

Diese Dinge sind unentbehrlich, wenn du eine langjährige glückliche Beziehung führen möchtest. Unterschätze die Wirkung nicht. Erwarte nicht, dass dein Partner dir Magic Moments liefert, liefere du sie deinem Partner. Denke immer an Ursache und Wirkung. Er wird sich automatisch revanchieren. Gib du die Momente, allerdings ohne eine Gegenleistung zu erwarten. Tue es aus Freude für eure Beziehung. Das Ergebnis kommt von ganz alleine, meist dann, wenn du es am wenigsten erwartest. Nutze alle möglichen Momente, um Zweisamkeit zu fördern und um die Routine zu durchbrechen.

Ich bin aufgrund meiner Trainings und Vorträge viel geschäftlich unterwegs. Immer, wenn es mir möglich ist, versuche ich meine Frau mitzunehmen. Sie immer mal aus dem Alltag herauszuholen und zwischen den Terminen Zeit für Zweisamkeit zu finden. Es ergeben sich dabei immer tolle Situationen in fremder Umgebung. Auf diese Art schaffen wir uns regelmäßig unsere Magic Moments, die kleinen

Zündsteine, die jede Beziehung gut gebrauchen kann. Sei kreativ und erkenne die Möglichkeiten. Ausreden lasse ich an der Stelle nicht zu. Es gibt immer Möglichkeiten und Wege. Du musst nur die Augen offenhalten. Es geht dabei wie gesagt gar nicht um große und teure Dinge. Es muss nicht der Diamantring oder die teure Luxusreise sein. Magic Moments bestehen meist aus viel kleineren Dingen. Aus kleinen Aufmerksamkeiten. Genau darum geht es: um Aufmerksamkeit und Zuwendung.

Aufmerksamkeit schafft Magic Moments

Mal ganz bewusst zuhören, da sein, wenn man dich braucht. Anteilnahme und Verständnis für den anderen zeigen. Das Fußballspiel oder die Lieblingsserie einfach mal ausschalten, wenn du das Gefühl hast, dass der Partner dich gerade braucht. Zeige dem Partner, dass er dir wichtiger ist als das, was dich gerade von ihm ablenkt. Wertschätzung und Anerkennung sind wichtige Träger der Magic Moments. Nimm die Leistung des Partners wahr, und wenn es nur um so selbstverständliche Dinge geht wie das Müllrausbringen. Kauf einfach mal die Lieblingsschokolade des Partners. Auch in der Beziehung darfst du übrigens loben, ja, du liest ganz richtig, es ist nicht verboten. Ich gebe zu, das fällt mir selbst sehr schwer, umso mehr kenne ich die Wirkung, wenn mir doch mal ein Lob herausrutscht. Ich verspreche dir, du bewirkst Wunder und es ist gar nicht so schwer, wie man manchmal denkt. Ich habe Bekannte, bei denen hat man das Gefühl, es ist für sie einfacher, ein teures Schmuckstück zu kaufen, als sich einfach mal für etwas beim Partner zu bedanken.

Die berühmten Post-its am Kühlschrank oder am Badezimmer-Spiegel sind Gold wert. Einfach mal die kleine Nachricht »Ich liebe dich« oder »Ich freue mich auf den Abend mit dir« oder »Danke, dass du da bist«. Kleine Liebesbeweise, und das nicht nur zu Ostern oder Weihnachten, beleben die Beziehung. Zeige deinem Partner, dass du ihn noch liebst, dass du froh bist, dass er da ist. Wann hast du das das letzte Mal gemacht? Es ist nie zu spät, etwas zu beginnen, etwas zu ändern. Belebe deine Partnerschaft laufend mit Neuem und verändere Gewohnheiten. Erhalte die Spannung und Aufregung. Überrasche deinen Partner mit einem spontanen Kinobesuch, einem ungeplanten Abendessen. Verlasse deine eigene Komfortzone und überrasche mit einem ungewohnten Verhalten, mit etwas, was dein Partner noch nicht von dir kennt, womit er nicht gerechnet hat.

Sorglos einschlafen

Sorge dafür, dass du möglichst nie im Streit zu Bett gehst, löse Konflikte immer vorher. Mache es zum Ritual, dass ihr alles vorher aussprecht. Dazu gehören etwas Disziplin und der feste Wille, Probleme zeitnah zu beseitigen. Auch dieses Ritual ist ein Magic Moment, denn dafür zu sorgen, dass Meinungsverschiedenheiten schnell beseitigt werden, steigert das Glücksgefühl. Wenn du mit schlechter Stimmung ins Bett gehst, dann trägst du das die ganze Nacht mit dir herum. Ob das ein erholsamer Schlaf wird, wage ich zu bezweifeln. Morgens wachst du vermutlich mit der gleichen schlechten Laune auf, mit der du schlafen gegangen bist, was hast du also gewonnen? – Nichts. Nimm dein Leben in die Hand und werde zu deinem eigenen Glücksmacher, indem du dafür sorgst, dass Probleme schnellstmöglich gelöst werden. Schleppe, was dich ärgert oder nervt, nicht Tage, Wochen oder gar Monate lang mit dir herum, sprich es an. Sucht dann gemeinsam nach Lösungen. Kommunikation heißt hier das Zauberwort.

Das Magic-Moment-Ritual

Magic Moments kannst du auch als Ritual einbinden. Leg einen festen Tag im Monat fest, an dem ihr immer etwas zusammen macht, was ihr noch nie gemacht habt. An dem ihr gemeinsam etwas Neues erlebt. Etwas, was euch beiden Spaß und Freude bereitet. Solche Aktivitäten müssen nicht immer teuer sein. Das kann auch einfach mal die gemeinsame Fahrradtour sein, der gemeinsame Sprung vom Zehn-Meter-Brett, der gemeinsame Kochabend, ein Abendessen im Darkroom und so weiter. Es geht immer darum, Langweile und Routine zu vermeiden, die Beziehung aufregend und spannend zu halten. Es gibt nichts Schlimmeres für eine Beziehung, als wenn ihr euch nichts mehr zu sagen habt, wenn jeder sein Ding macht und man nur noch das Dach teilt. Lass dir etwas einfallen, das fördert gleichzeitig deine Kreativität. Alleine die Vorbereitung, dass du über eine Aktivität nachdenkst, die Vorfreude, allein das verursacht schon Glücksgefühle. Somit sorgst du nicht nur für Glück an dem entsprechenden Tag, sondern schon in der Vorbereitung und auch noch danach, wenn ihr über die tolle erlebte Aktivität sprecht.

Gleichgültigkeit innerhalb einer Beziehung, Trennung und Scheidung sind die Folgen davon, dass der Partner nicht mehr das bekommt, was er sich wünscht. Wir hören auf zu lieben, wenn unsere Bedürfnisse nicht mehr befriedigt werden. Wir wünschen uns vom Partner Anerkennung, Bestätigung, Zärtlichkeit, Sex, Verständnis, Zuspruch, Vertrauen. Wenn dies nicht mehr gegeben ist, dann entlieben wir uns. So wie deine Topfpflanzen benötigt auch eine Partnerschaft regelmäßig Dünger, das sind zum Beispiel Zuwendung, liebevolle Worte, Gesten, Liebesbeweise, Unterstützung, Aufmerksamkeit. Wenn der Dünger ausbleibt, dann verkümmert die Partnerschaft. Du siehst, wie wichtig die Magic Moments für eine glückliche Partnerschaft sind. Wir entlieben uns selten einfach so, der mangelnde Dünger ist schuld daran, wenn deine Beziehung eingeht. Es liegt also in deiner Hand, was du daraus machst. Wie du mit dem Wissen umgehst und was du künftig an deinem Verhalten veränderst, um deiner Beziehung wieder Inhalt und Sinn zu geben. Nutze die Partnerschaft zu deinen Gunsten für ein glücklicheres Leben.

11.
Wirklich zuhören

Wir sind meist so mit unserem Tagesgeschäft beschäftigt, dass es uns schwerfällt, dem Partner richtig zuzuhören. Wir sind zwar anwesend, hören, dass er etwas sagt, aber nehmen wir es wirklich wahr? Geht es nicht oft zu einem Ohr rein und zum anderen wieder raus? Sind wir mit unseren Gedanken in Wirklichkeit nicht ganz woanders? Geben wir unserem Partner das Gefühl, dass wir ganz bei ihm sind?

Mir für meinen Teil fällt es oft sehr schwer, richtig zuzuhören. In meinem Beruf gebe ich alles, ich bringe mich zu 120 Prozent ein, bin hoch konzentriert. Wenn mir meine Frau dann abends von ihrem Tag erzählen möchte, dann fällt es mir sichtbar schwer, wirklich zuzuhören. Gedanklich bin ich noch im Tagesgeschehen, habe vielleicht Pläne für den Folgetag. In der Situation ist es mir nahezu unmöglich, für sie da zu sein und mich mit ihren Belangen auseinanderzusetzen. Zu sehr bin ich in diesen Momenten noch mit mir selbst beschäftigt. So wie mir geht es vielen Menschen. Jetzt ist es ist wichtig, erst mal den Kopf frei zu bekommen. Lieber dem Partner mitteilen, dass man erst kurz Zeit für sich braucht. Vielleicht bei einem kleinen Spaziergang die letzten Gedanken sammeln und runterkommen. Anderen hilft Sport oder ein Hobby. Jeder kann da seine eigene Methode finden. Wenn du dich auf deinen Partner einlassen willst, für ihn da sein möchtest, dann musst du das voll und ganz sein. Nicht halbherzig hinhören und gedanklich ganz woanders sein. Ich weiß, theoretisch hört sich dies oft leichter an als es praktisch ist, aber es geht, du kannst es lernen und dazu beitragen, dass deine Beziehung wächst.

Gespräche sind einer der wichtigen Grundpfeiler einer glücklichen Beziehung. Sich austauschen und füreinander da sein. Richtiges Zuhören steigert das Vertrauen in den Partner. Das Gefühl, dass wir mit unserem Partner über das sprechen können, was uns beschäftigt, dass er uns wahrnimmt, erzeugt ein Gefühl der Sicherheit, der Geborgenheit. Dass jemand da ist, mit dem wir unsere Gedanken und Sorgen teilen können, fördert das Gefühl, dass wir nicht alleine sind. Wir steigern das Wohlfühlen. Und es ist nun mal unser aller Bedürfnis uns mitzuteilen, mit dem Partner zu diskutieren, was einen über den Tag beschäftigt hat. Bei dem einen ist das Bedürfnis dazu stärker und beim anderen schwächer, was wir jedoch alle gemeinsam haben, ist, dass es uns guttut, wenn uns jemand zuhört.

Ratschläge sind Totschläge

Wirklich zuzuhören ist allerdings oft gar nicht so einfach. Denn es bedeutet, den Partner nicht zu unterbrechen. Ihn ernst zu nehmen mit dem, was ihn beschäftigt, selbst wenn es in unseren Augen eher belanglos erscheint. Jeder Mensch hat eine andere Perspektive auf die Dinge: Das, was den Partner beschäftigt, ist in seinen Augen nie bedeutungslos. Es gibt Gründe, warum er es mit sich herumträgt. Wenn wir das Anliegen des Partners als belanglos erachten, dann haben wir oft das Bedürfnis, direkt mit Ratschlägen loszulegen. Wenn der Partner sich wünscht, dass du ihm zuhörst, du dann jedoch direkt beginnst, ihm Lösungsvorschläge zu unterbreiten, dann geht das an seinen momentanen Bedürfnissen vorbei. Wenn der Partner sich wünscht, dass du ihm zuhörst, dann geht es ihm oft nicht um Ratschläge, sondern darum, dass er das aussprechen kann, was ihn beschäftigt, dass jemand da ist, mit dem er seine Gedanken teilen kann. Ratschläge sind dann angemessen, wenn sie erbeten werden, wenn dein Partner sie einfordert. Dies bedeutet nicht, dass du nicht offen deine Meinung äußern darfst, allerdings alles zu seiner Zeit. Beim Zuhören geht es erst mal nur darum, hinzuhören und zu erkennen, was deinen Partner beschäftigt. Nicht immer ist das, was er sagt, auch das, was er meint. Richtiges Zuhören bedeutet auch zu erkennen, was es genau ist, das den anderen beschäftigt. Wenn er Ratschläge von dir erwartet oder sie sich wünscht, dann wird er dich danach fragen. Er wird dich dazu ermutigen, ihm deine Meinung zu sagen, wenn ihm danach ist.

Unterbrechen

Mit dem Unterbrechen verhält es sich ähnlich. Wenn du deinen Partner nicht ausreden lässt, ihm ständig ins Wort fällst, dann zeigst du keine angemessene Wertschätzung. Lass den Partner mit seinen Ausführungen zu Ende kommen. Zeige ihm, dass du ihn ernst nimmst, und sei für ihn da, indem du einfach zuhörst. Ich weiß, das ist die Königsdisziplin: einfach nur zuhören und nicht ins Wort fallen. Auch ich will gerne immer gleich mit meiner Meinung und mit der Lösung heraus. Wenn du jedoch den Partner unterbrichst, ihm ins Wort fällst, dann sind es deine Worte, es geht in dem Augenblick nicht mehr um den Partner, sondern um dich. Du drehst die Situation um, du zwingst den Partner, dir zuzuhören, und veränderst dadurch die Ausgangssituation. Plötzlich stehst du im Mittelpunkt des Geschehens und nicht mehr der Partner. Er hatte jedoch das Bedürfnis, zu reden und sich kundzutun. Lass ihm den Freiraum, sich zu entfalten und sich mitzuteilen. Stell Fragen und motiviere ihn dazu, seinen Gedanken freien Lauf zu lassen. Für ihn da zu sein, ihm die Zeit zu schenken, dass er sich äußern kann, dass er über das sprechen kann, was ihn beschäftigt, steigert sein Vertrauen in dich als zuverlässigen Zuhörer. Jemand, der für ihn da ist, wenn er ihn braucht. Richtiges Zuhören steigert das für eine Partnerschaft so wichtige Gefühl der Geborgenheit.

Wann hast du deinem Partner denn das letzte Mal wirklich zugehört? Könnte schon eine Weile her sein, oder? Echtes Zuhören fördert die Partnerschaft ungemein und steigert das Glücksgefühl. Unterschätze die Auswirkung nicht. Beziehungen leiden sehr darunter, wenn die Gespräche ausbleiben, sie sind ein wichtiger Hebel, um Beziehungsglück zu erhalten und zu fördern.

Reden hilft, Druck abzubauen

Indem du genau hinhörst, dich wirklich interessierst, indem du spürst, was deinen Partner beschäftigt – wie irrational die Aussagen in dem Moment auch sein mögen, wie emotional dein Partner bei der Schilderung auch gesteuert sein sollte –, indem du das tust, erkennst du vielleicht, was deinen Partner wirklich beschäftigt. Durch das intensive Zuhören verstehst du eher, warum dein Partner so emotional reagiert, was ihn wirklich bedrückt. Je emotionaler der Partner bei seinen Ausführungen ist, umso wichtiger ist es, dass du ihn nicht unterbrichst und ihn sich erst mal seine Sorgen von der Seele reden lässt. Wenn der Partner bemerkt, dass du ihm zuhörst, dann verändern sich mit der Zeit seine Emotionen, in der Regel wird er ruhiger und rationaler. Das Von-der-Seele-Reden erleichtert und führt dazu, dass der Druck von einem abfällt. Die Belastung wird geringer. Du kannst dir das vorstellen wie bei einem Ventil, bei dem sich Druck aufgebaut hat. Durch ein leichtes Öffnen des Ventils verringert sich dieser. Du hilfst also deinem Partner dabei, den Druck zu minimieren, Dampf abzulassen. Durch das intensive Zuhören kannst du immer besser erkennen, welche rationaleren Beweggründe hinter der irrationalen Beschreibung stehen. Es wird leichter für dich, deinen Partner zu verstehen.

Haustiere und Gott sind oft die besseren Zuhörer …

Dies ist übrigens auch der Grund, warum es uns hilft, mit unserem Hund oder anderen Haustieren zu sprechen. Sie unterbrechen uns nicht und geben keine Ratschläge. Der Hund gibt uns keine Widerworte und sagt uns nicht, was richtig und was falsch ist. Er ist einfach da und hört uns zu. Wir brauchen das, um unsere Gedanken zu sammeln, durch das Aussprechen werden unsere Gedanken klarer. Vielleicht kennst du das: Du suchst nach einer Lösung, sie will dir aber einfach nicht einfallen. Du gehst zu jemandem hin und schilderst ihm das Problem. Du bist mit deinen Ausführungen noch nicht fertig, und schon fällt dir selbst die Lösung ein. Dein Gegenüber hat noch kein Wort gesagt, allein dadurch, dass du darüber gesprochen hast, findest du selbstständig die Lösung.

Genauso verhält es sich auch mit Gebeten. Auch beim Beten entsteht das Gefühl, dass uns jemand zuhört, dass wir uns kundtun können, ohne dass uns jemand direkt mitteilt, was richtig und was falsch ist. Wir können über alles reden und brauchen uns keine Gedanken darüber zu machen, was unser Gesprächspartner wohl über uns denken wird. Es verursacht ein Freiheitsgefühl, das Gefühl, dass wir uns einfach fallen lassen können. Diese Lockerheit fehlt uns oft bei unserem Partner, weil wir zu schnell mit Meinungen, Ansichten und Ratschlägen konfrontiert werden. Gott hört nur zu, wie der Hund sagt er uns nicht, was richtig und gut ist. Er ist einfach da und lässt uns selbst machen. Durch das Ausdrücken und Dampfablassen finden wir oft selbst zur richtigen Entscheidung.

Stell dir vor, du fragst jemanden, wie es ihm geht. Also nicht auf der Straße, wo es ja eher eine rhetorische Frage ist, auf die wir im Grunde keine ehrliche Antwort erwarten. Stell dir vor, du interessierst dich wirklich und möchtest tatsächlich wissen, wie der andere sich fühlt. Wenn dein Gegenüber nun anfängt zu erzählen, dann möchte er seinen Gedanken freien Lauf lassen können. Er möchte sich mitteilen und sucht nach Verständnis für sich und seine Situation. Erst einmal geht es nicht darum, dass du ihm irgendwelche Lösungen präsentierst. Wenn du von jemandem wirklich wissen möchtest, wie es ihm geht, weil du dich für ihn interessierst, dann muss er auch das Recht haben, sich zu äußern, ohne dass du ihn unterbrichst und ihn bewertest. Es geht erst mal rein ums Verständnis. Wenn er deine Meinung wissen möchte, dann wird er dich schon danach fragen. Der Unterschied liegt darin, nicht ungefragt Ratschläge und Bewertungen abzugeben. Wir neigen einfach zu schnell dazu, uns einzumischen anstatt einfach mal da zu sein. Indem du ungefragt deine Meinung äußerst, setzt du deinen Partner herab. Du signalisierst ihm, dass er nicht in der Lage ist, eigenständig eine Lösung zu finden. Du schwächst sein Selbstvertrauen und seine Resilienz (die Kraft, selber den Weg zu finden und zu wachsen). Wahrscheinlich meinst du es nicht böse, ganz und gar nicht, du willst ja helfen. Du bewirkst jedoch genau das Gegenteil.

Robert Betz hat mal so schön gesagt: »Höre nicht mit den Ohren, höre mit dem Herzen.«

Zum Thema »Richtig Zuhören« gibt es noch ein paar kleine Tipps, die ich dir gerne mit auf den Weg geben möchte. Tipps, die deinem Gegenüber noch intensiver das Gefühl geben, dass du bei ihm bist. Es ist zum Beispiel sehr empfehlenswert, den Kopf ein wenig zur Seite zu neigen. Du öffnest auf diese Weise die Halsschlagader, in der Tierwelt wäre das ein Signal von Verwundbarkeit. Das signalisiert Unterwürfigkeit. Das ist in dem Fall nicht negativ, sondern zeigt, dass du offen bist. Außerdem ist durch die leichte Kopfneigung dein Ohr dem Partner zugewendet. Das zeigt, hey, ich höre dir zu. Die leichte Kopfneigung lässt dich automatisch weicher wirken, was vorteilhaft für die Sympathie ist. Das Bestätigen von Gehörtem durch »ach«, »ja«, »verstehe«, »mmh« und so weiter signalisiert, dass du dabei bist. Wichtiges kannst du auch wiederholen. Es schafft Nähe, wenn du beim Wiederholen die Worte des Partners verwendest. Nach dem Motto »Habe ich richtig verstanden, du meinst also ABC«. Deinen ganzen Körper solltest du deinem Partner zugeneigt haben, eher etwas nach vorne gebeugt als zurückgelehnt. Die ganze Zeit auf den Fernseher zu schauen, während der

Partner dir etwas mitteilt, signalisiert nicht gerade, dass du bereit für ihn bist. Auch die ständige Ablenkung durch das Handy während des Gespräches ist der Sache nicht förderlich. Zeige deinem Gegenüber, dass du ganz für ihn da bist. Das muss jetzt nicht bedeuten, dass du dich während eines gemütlichen Fernsehabends nicht unterhalten darfst, weil du ja nicht ganz beim Partner bist, oder dass du bei einem Gespräch, das zwischendurch geführt wird, nicht auch parallel mal aufs Handy schauen darfst. Nur eben nicht immer, es muss deutlich werden, dass du im Wesentlichen beim Partner bist, wenn ihr euch unterhaltet. Es geht nicht darum, jede Verhaltensweise auf die Goldwaage zu legen, sondern es geht darum, dich mehr für den Partner zu sensibilisieren. Eine glückliche Beziehung kommt eben nicht einfach so, sondern sie ist ein Prozess, den du maßgeblich beeinflussen kannst.

12.
Die Magie der Worte

Die Gedanken, die uns bei unserem Tun begleiten, beeinflussen unser Handeln maßgeblich und wir können mit ihnen unsere Gefühlsregungen steuern. Das haben die meisten ja zumindest schon mal irgendwo gelesen. Auch ich beschreibe dies ausführlich in meinem Buch »Glücksmacher. Zum Glück gibt's ... Wege«. Das, was wir denken, beeinflusst maßgeblich unser Tun, sowohl positiv als auch negativ. Es verändert unsere Einstellung und unser Handeln und damit auch unsere Ergebnisse. Es ist daher wichtig, immer darauf zu achten, was man gerade denkt.

Dass wir jedoch von unseren Worten nicht weniger beeinflusst werden, ist vielen noch nicht so bewusst. Das, was du sagst, und wie du dich ausdrückst beeinflusst deine Handlungen genauso wie deine Gedanken. Einzelne Wörter haben dabei sogar die Macht, Gene zu beeinflussen. Gene, die dafür verantwortlich sind, körperlichen und emotionalen Stress zu regulieren. Du kannst also bereits mit einzelnen Wörtern sowohl Negatives als auch Positives in dir bewirken. Positive Wörter wie Liebe, Freude, Frieden, schön oder glücklich stimulieren dabei andere Bereiche in unserem Gehirn als negativ belastete Wörter wie Hass, Neid, Leid, Krieg oder hässlich. Dabei spielt es keine Rolle, ob wir nur zu uns sprechen oder zu anderen. Ausgesprochene Wörter beeinflussen unser Gehirn. Die Neurowissenschaftler Dr. Andrew Newberg und Mark Robert Waldmann berichten in ihrem Buch »Die Kraft der Mitfühlenden Kommunikation.

Wie Worte unser Leben ändern können« sehr ausführlich über diese Auswirkungen. Wenn wir mehr positive Wörter als negative verwenden, aktivieren wir Bereiche im Gehirn, die für Motivation verantwortlich sind. Wir erhalten Antrieb und kommen schneller in Bewegung, wir kommen ins Handeln. Negative Wörter schränken uns ein, verhindern Kreativität, es werden automatisch mehr Stress erzeugende Hormone produziert, und dies schränkt das logische Denken ein. Bei negativen Gefühlen wie Wut und Angst, die eben auch durch negative Wörter ausgelöst werden können, vermindert sich ebenfalls die Möglichkeit des logischen Denkens, wir entscheiden weniger rational. Durch ausgesprochene Worte beeinflussen wir die Sicht auf uns selbst ebenso wie die auf andere Menschen. Indem du mehr positive Wörter verwendest, veränderst du also den Blickwinkel auf dich und andere Menschen und damit auch auf deinen Partner. Im Klartext erscheint dir dein Partner alleine dadurch, dass du auf Dauer mehr positive Begriffe verwendest, in einem besseren Licht, weil du die Art veränderst, wie du ihn wahrnimmst. Dadurch dass du dich veränderst, veränderst du deinen Partner, das habe ich ja bereits an anderer Stelle gesagt. Wenn du deinen Partner in einem anderen Licht siehst, weil du positiver eingestellt bist, vermeidest du Konflikte. Du kennst das, manchmal bringen uns bereits kleine Aussagen, Wörter oder Handlungen auf die Palme. Da stellt Schatzi wieder die leere Kaffeetasse auf die Fensterbank, und auf der Küchenarbeitsfläche liegen noch die Krümel vom Brotschneiden. Schaust du schon wieder Fußball? Hast du schon wieder ein Bier getrunken? Musst du immer so lange mit deiner Freundin quatschen? Obwohl diese Handlungen und Aussagen einzeln betrachtet gar keinen wirklichen Grund darstellen, sich zu ärgern, bringen sie uns manchmal auf die Palme. Wenn du nun den Bereich in deinem Gehirn entwickelst, der für positive Auswirkungen verantwortlich ist, führt dies dazu, dass du vieles gar nicht mehr als ärgerlich betrachtest. Du wirst gelassener und nimmst manche Handlungen und Aussagen gar nicht mehr als so schlimm war. Du versetzt dich in einen anderen Zustand, als wenn die negativen, Stress auslösenden Hormone ständig reingrätschen und dich unangenehm piesacken.

Es ist schon enorm, wie Wörter unsere Beziehung beeinflussen können. Es ist also nicht nur wichtig, darauf zu achten, was man denkt, sondern genauso wichtig ist es darauf zu achten, was man sagt. Mithilfe deiner Worte ist es dir möglich, deine innere Einstellung zu verändern. Wenn du also von den Genen her eher zur negativen Sicht neigst, kannst du durch regelmäßiges Training dein Glücklichsein deutlich steigern. Durch das Verwenden von positiven Wörtern hast du gleich mehrere Effekte: Du steigerst dein eigenes Glücksgefühl und gleichzeitig legst du weitere Grundsteine für eine wirklich glückliche Beziehung, weil sich deine Wahrnehmung verändert.

Es gibt noch einen weiteren kleinen, aber nicht zu unter-schätzenden Nebeneffekt, wenn du mehr darauf achtest, eher positive Wörter zu verwenden. Du wirst automatisch deinem Partner gegenüber einen anderen Sprachgebrauch entwickeln. Er wird sich dadurch weniger angegriffen fühlen und auch er wird schnell positiver auf dich reagieren. Du merkst, welche Lawine an positiven Effekten du lostreten kannst, wenn du an deiner Wortwahl arbeitest. Wie bei allem kommt die Veränderung nicht mit einem Knall. Sie ist ein Prozess, du brauchst auch hier etwas Geduld, bis sich die Auswirkungen bemerkbar machen. Vergiss nicht, das Ziel ist, eine wirklich glückliche Partnerschaft zu führen. Da sollte doch so ein bisschen Konzentration drin sein – oder?

13.
Sexualität in der Partnerschaft

Welche Rolle spielt die Sexualität für eine glückliche Beziehung? Sind Paare mit mehr Sex glücklicher? Gerade in der ersten Phase einer Beziehung, während der großen Verliebtheit, können wir doch die Finger kaum voneinander lassen. Manche Paare kommen in dieser Zeit kaum aus dem Bett. Doch nach und nach setzt sich der Alltag immer mehr durch und die zärtlichen Stunden weichen dem Alltagsstress. Gerade von Paaren mit Kindern hört man immer wieder, dass die sexuelle Aktivität mit der Zeit deutlich nachgelassen hat. Ist dann auch die Beziehung am Ende?

Die Sexual- und Erziehungsforscherin Kristen P. Mark und ihre Kollegin Julia A. Lasslo von der Eastern Kentucky University haben vierundsechzig weltweite Untersuchungen zum Thema »Sex in langjährigen Beziehungen« analysiert und zusammengefasst. Ihr Ergebnis ist, dass die Lust auf Sex nicht zwangsläufig nachlassen muss, und dass es nicht das Ende der Beziehung bedeuten muss, wenn sie nachlässt. In ihren Ausführungen geben sie an, dass nicht die Länge einer Beziehung dafür verantwortlich ist, dass Sex seltener wird, sondern die Randerscheinungen. Mit der Zeit werden viele Menschen dem Partner gegenüber eher unaufmerksam und hören ihm nicht mehr so intensiv zu. Aha – du erinnerst dich ans vorherige Kapitel? Noch ein Grund, dem Partner wieder mehr zuzuhören – es gibt wieder mehr Sex. Viele Paare leben mehr nebeneinander her als wirklich miteinander. Gerade Frauen werden durch diese Begleiterscheinungen beeinflusst, und das hat Auswirkungen auf die Lust auf Sex. Laut den Forscherinnen bleibt die Lust auf Sex am ehesten bei Paaren erhalten, die sich auf Augenhöhe befinden, in denen also eine möglichst hohe Gleichberechtigung besteht.

Aber nicht nur durch Nähe, sondern auch durch Distanz lässt sich sexuelle Lust aufrechterhalten. Auch dies zeigt, dass es wichtig ist, auch Zeit für sich zu reservieren und Dinge alleine zu tun. Das Ergebnis aus der Erhebung, welches zeigt, dass die Sexualität bei Paaren auf Augenhöhe eher erhalten bleibt, finde ich als Aussage äußerst wichtig. Es zeigt, dass es für die Partnerschaft durchaus wichtig ist, dass beide Partner Wertschätzung erleben. Dabei spielt es keine Rolle, ob man nach herkömmlichem Familienbild lebt, bei dem der Mann das Geld heranbringt und die Frau zu Hause ist, oder ob beide Partner arbeiten gehen oder eben der Mann zu Hause bleibt. Bei gleichgeschlechtlichen Paaren vermischt es sich ohnehin noch mehr. Es geht einfach darum, dass man die Aufgaben des Partners wertschätzend anerkennt und eine ausgeglichene Beziehung führt. Wenn einer den anderen unterdrückt, fördert das das Sexleben in der Regel nicht.

Erhalte die Spannung in der Beziehung

Wenn du das Sexleben in der Partnerschaft fördern möchtest, dann ist es wichtig, die Spannung zu erhalten, immer wieder mal Neues zu erleben, auch mal Sex an Orten zu haben, die man noch nicht ausprobiert hat. Vielleicht auch einfach mal wieder ein Date planen, mal so tun, als wenn man sich neu kennenlernt und spontan im Hotelzimmer landet. Monotonie und Routine beeinflussen die Sexualität negativ. Neues erleben bedeutet auch in Bezug auf die sexuellen Erlebnisse, dass Dopamin, unser wichtiger Glücksbotenstoff, ausgeschüttet wird. Wir empfinden Glücksgefühle. Wenn man abends nur noch mit dickem Kuschel-Pyjama oder mit Socken ins Bett geht, fördert dies die Lust auf sexuelle Aktivitäten nicht gerade. Auch nach langjähriger Beziehung sollte man sich grundsätzlich nicht hängen lassen. Ab und zu mal chic für den anderen anziehen. Etwas auf die Figur achten. Sich pflegen und Manieren behalten. Ganz äquivalent sollte man sich auch in Bezug auf das Sexleben verhalten. Das Auge isst eben auch mit und manchmal kommt der Hunger erst, wenn man was Leckeres gesehen hat.

Wie viel Sex braucht eine gute Beziehung?

Wie viel Sex braucht man aber für eine glückliche Partnerschaft? Unzählige Studien haben sich in den letzten Jahrzehnten mit diesem Thema auseinandergesetzt. Zu einem wirklich einheitlichen Ergebnis ist die Wissenschaft bisher jedoch nicht gekommen. Psychologen der kanadischen York University vertreten aufgrund einer Studie, dass einmal pro Woche optimal für Menschen wäre. Aber noch mal: Die Meinungen gehen hier bei den unterschiedlichsten Studien extrem auseinander. Also richte dich nicht zu sehr danach.

Du bist nicht unnormal, wenn deine Aktivität davon deutlich abweicht. Schauen wir uns noch ein paar Zahlen aus einer Umfrage des Kinsey Institutes an:

Frauen und Männer im Alter zwischen neunzehn und neunundzwanzig Jahren, egal ob Single oder nicht, haben laut der Umfrage pro Woche durchschnittlich etwa 2,15 Mal Geschlechtsverkehr. Die Dreißig- bis Neununddreißigjährigen haben im Schnitt immerhin noch sechsundachtzig Mal Sex im Jahr, also 1,65 Mal pro Woche. Bei den Vierzig- bis Neunundvierzigjährigen kommt es im Durchschnitt 1,33 Mal pro Woche zum Liebesakt. 34 Prozent der verheirateten Paare sollen nach der Studie mindestens zweimal in der Woche Sex haben. 45 Prozent ein paarmal im Monat und 13 Prozent ein paarmal im Jahr.

Was sagen uns diese Zahlen nun über deine Beziehung? Im Grunde nichts, denn es spielt für die Beziehung keine erhebliche Rolle, wie oft Partner Sex haben. Entscheidend ist, dass beide Partner mit der Häufigkeit der Zusammenkunft zufrieden sind. Dass kein Druck entsteht. Auch wenn du in deiner Partnerschaft also nur wenige Male im Jahr Sex hast, muss dies keine Rückschlüsse auf die Harmonie in der Beziehung zulassen. Problematisch wird es, wenn dein Partner sehr häufig Sex wünscht, du aber kaum Lust hast, oder auch umgekehrt. In dem Fall gilt es Lösungen zu suchen, ansonsten wird die Beziehung negativ belastet.

Wenn die Ansprüche extrem unterschiedlich sind, führt dies zwangsläufig zu Differenzen in der Partnerschaft.

Den Partner im besseren Licht sehen

Einen Vorteil bringt Sex mit dem Partner auf jeden Fall mit sich: Er lässt den Partner positiver erscheinen. Paare, die häufig Sex haben, bringen den Partner oft mit positiveren Eigenschaften in Verbindung. Das liegt daran, dass beim Sex Hormone ausgeschüttet werden, die uns den Partner durch eine rosarote Brille sehen lassen. Er erscheint uns in einem besseren Licht. Die entstehenden Hormone sorgen dafür, dass wir den Partner attraktiver finden, wir sehen verstärkt seine guten Eigenschaften. Ein nicht zu unterschätzender Nebeneffekt, der für die Beziehung auf jeden Fall nicht von Nachteil ist. Wenn du also für deinen Partner positiver erscheinen möchtest, könntest du darüber nachdenken, die Beischlafaktivität zu erhöhen.

Offene Gespräche fördern die Harmonie

Grundsätzlich ist in Sachen Sex alles erlaubt, was beiden Partnern Freude und Lust bereitet. Genau dies ist jedoch die Voraussetzung: Beide müssen mit den ausgelebten Fantasien einverstanden sein. Sich unter Druck setzen zu lassen, auf Dauer zu Dingen zwingen zu lassen, die man nicht mag oder möchte, führt nicht zu einer vertrauensvollen Beziehung. Gerade in Bezug auf das sexuelle Sich-Ausleben kann eine Beziehung deutlich gewinnen, beim falschen Umgang damit jedoch auch verlieren. Du entscheidest über deine Grenzen und legst fest, was dich anregt und dir Lust bereitet und ab wann es für dich keine Freude ist. Sprich offen mit deinem Partner über Vorlieben und Grenzen. Über Sex zu sprechen ist in unserer Gesellschaft – trotz aller Offenheit – immer noch eher verpönt. Schamgefühl verhindert, dass man offen über seine Wünsche spricht. Gegenüber dem Partner ist es jedoch fehl am Platz. Wenn der Partner nicht weiß, was dir gefällt und was du gerne möchtest, dann kann er nicht entscheiden, ob er das auch gut findet. Nur wirkliche Offenheit kann dich zur sexuellen Erfüllung bringen – und am Ende fördert diese Offenheit die Harmonie in deiner Beziehung.

Solche Gespräche müssen dabei nicht theoretisch auf der Couch stattfinden. Zeige deinem Partner behutsam, was dir gefällt, wo er dich berühren soll, erzähle ihm, während ihr euch berührt, von deinen Fantasien und was du dir wünschen würdest. Erkläre ihm, was dir daran so gefällt, was dich anmacht und warum es dich reizt. Wenn du deinem Partner etwas zeigen möchtest, dann weise ihn im Vorfeld darauf hin, dass er dir rechtzeitig Bescheid geben soll, wenn es etwas ist, was er nicht machen möchte oder was ihm nicht gefällt. Wichtig ist der gegenseitige Respekt und die Anerkennung der Grenzen des Partners. Vorlieben und Fantasien verändern sich mit den Jahren, es ist daher sinnvoll, auch in lange bestehenden Beziehung darüber zu sprechen und sich abzustimmen.

Immer wieder treffe ich auf Paare, die nicht über ihre Wünsche gesprochen haben, bei denen ein Partner Jahre lang davon ausgegangen ist, dass der andere die Stellung XY bevorzugt und ihm Z gefällt, und dann stellt sich heraus, dass wiederum der andere Partner meinte, dass das die Vorliebe des anderen wäre. Sie wollten eigentlich beide etwas ganz anderes, kamen jedoch aufgrund mangelnder Kommunikation nicht darauf. Ist doch schade, wenn man aufgrund von Missverständnissen nicht das auslebt, was man eigentlich möchte. Oft kommt es auch vor, dass der eine einen Wunsch nicht äußert, weil er glaubt, dass das Ersehnte dem anderen nicht gefallen würde, oder weil er unsicher ist, was der andere dann über ihn denken könnte. Dabei fände der Partner es vielleicht sogar sehr spannend.

Auch hier ist also Kommunikation die beste Möglichkeit, dem Glück näher zu kommen. Miteinander reden, dem Partner zuhören und Verständnis füreinander entwickeln – das sind ganz grundsätzlich die besten Grundlagen für eine harmonische Beziehung. Justin R. Garcia von der University of Indiana hat in einer Studie mit tausend Teilnehmern per Fragebogen erforscht, wie sich Kommunikation auf das Sexualleben auswirkt. Er fand dabei heraus, dass bei den in Bezug auf das Sexleben besonders glücklichen und bei den unglücklichen Paaren alles sehr ähnlich verläuft, sie küssten und streichelten sich, waren zärtlich. Es gab in diesen Verhaltensweisen kaum Erkennungsmerkmale, die auf die

Ursache von »glücklich« und »unglücklich« hinwiesen. Als Hauptunterschied stellte er fest, dass die Paare, die Sexleben eher positiv bewerteten, nach dem Sex und währenddessen ausgiebig miteinander gesprochen haben.

Versöhnungssex

Was könnte es Schöneres geben, als nach wilden Streitereien wieder zueinander zu finden und sich durch ausgiebigen Sex miteinander zu versöhnen? Wer kennt das nicht, sich wieder glücklich in den Armen zu liegen und alles ist vergessen?

Zum Thema Streit und Sex gibt es aber noch mehr zu sagen: Spannungen können nämlich durchaus stimulierend sein. Laut einer Studie von der Psychologin Maximiliane Uhlich funktioniert dies allerdings tatsächlich nur bei einigen wenigen Paaren und nicht auf Dauer. Dass man sexuell zufrieden ist, obwohl man sich häufig streitet, ist also eher selten. Für die meisten Befragten war Streit jedoch reines Gift in Bezug auf das Sexualleben. Besonders auf Dauer verursacht Streit hohen Stress, der sich negativ auf das Sexualleben auswirkt. Wir verlieren die Lust und Freude am Sex. Es macht in Bezug auf das Sexualleben also einen großen Unterschied, ob Streitigkeiten ab und zu mal vorkommen oder ob sie ständiger Begleiter der Beziehung sind.

14.
Beziehung mit Kindern

Kinder sind eine große Bereicherung. Durch Kinder wird eine Beziehung rund und eine Familie komplett. – Zumindest ist das die Vorstellung, die uns dazu antreibt, die Familie durch Nachwuchs zu vergrößern. Nicht selten bleibt dies jedoch eine Traumvorstellung und ein Kind wird zur echten Belastungsprobe einer Beziehung. Bevor ich auf das Thema intensiver eingehe, möchte ich erst kurz auf das Familienleben ohne Kinder eingehen, denn auch dies birgt eine Menge Konfliktpotenzial.

Paare ohne Kinder

Paare mit Kindern sind nicht automatisch glücklicher als Paare ohne Kinder, das Gegenteil ist sogar oft der Fall. Wenn du unfreiwillig eine Partnerschaft ohne Kinder führst, es dir also verwehrt bleibt, Kinder zu bekommen, dann trauere dem nicht ständig hinterher. Ein Leben ohne Kinder kann genauso erfüllend sein wie eines mit Kindern. Es entfalten sich für dich ganz andere Möglichkeiten, als wenn du Kinder hättest. Wichtig ist es, den Istzustand zu akzeptieren und nicht dem nachzutrauern, was man – aus welchen Gründen auch immer – nicht haben kann.

Wir wollen immer das, was wir nicht haben

Von Natur aus wollen wir immer gerade genau das, was wir nicht haben. Vielleicht kennst du das beim Essen im Restaurant: Jeder sucht sich etwas Schönes aus der Karte aus und bestellt, worauf er am meisten Appetit hat. Wenn das Essen nun bei beiden auf dem Tisch steht, schielt man langsam auf den Teller des Partners. Och, was du da hast, sieht ja auch ganz schön lecker aus. Wie schmeckt es denn? Darf ich vielleicht mal probieren? Irgendwie hat man immer das Gefühl, doch das Falsche bestellt zu haben. Das vom Partner sieht ja doch besser aus.

Es treibt uns immer zu dem, was wir gerade nicht haben. Das beginnt bereits in der Kindheit. Wir spielen mit einem Spielzeug, das andere Kind nimmt sich ein anderes. Was passiert? Ja, genau, nun will man genau das, was der andere hat, es muss jetzt genau in dieser Minute genau dieses Spielzeug sein. Grundsätzlich verändert sich dieses Gefühl auch später nicht: Wenn wir Single sind, wollen wir einen Partner, und wenn wir einen Partner haben, wären wir lieber Single. Vielleicht liegt das daran, dass wir die Verantwortung für unser Glück lieber abgeben. Wenn ich dies oder jenes hätte, dann wäre ich glücklich. Je mehr wir nun etwas nicht haben können, umso mehr ersehnen wir es. Es ist halt oft leichter, wenn es etwas gibt, in dem wir den Grund für unser Unglücklichsein sehen können. Dass wir unglücklich sind, schieben wir lieber auf das, was wir nicht haben, als die Verantwortung zu übernehmen, mit dem, was wir haben, glücklich zu sein.

Der Frage, warum dies bei uns Menschen so ist, sind auch die beiden Sozialpsychologen Jan Crusius und Thomas Muss-weiler von der Universität Köln nachgegangen. Sie haben festgestellt, dass oft Neid dafür verantwortlich ist, dass wir das haben möchten, was andere haben. Wir können dem Neid aber durch Selbstkontrolle entgehen. Dies gelingt uns jedoch nur, wenn wir den Kopf frei haben. Wir müssen also entspannt und motiviert sein, wenn wir dem Neid entgegen-treten möchten. Wir brauchen demnach den Willen, über etwas hinwegzuschauen, eben unser Leben so zu akzep-tieren, wie es ist. Es selbst in die Hand zu nehmen. Das ist im Grunde genau das, was ich zuvor bereits geschildert habe: Dass wir selbst die Verantwortung für uns und unser Glück übernehmen.

Es geht darum, dass du ein erfülltes und glückliches Part-nerschaftsleben führst, ob mit oder ohne Kinder, ist erst mal absolut egal. Dein Partner und du, ihr seid wichtig. Wenn die Natur es euch ermöglicht, Kinder zu haben, und ihr entscheidet, Kinder zu wollen, dann super. Wenn die Natur es euch nicht ermöglicht, dann ergeben sich dafür andere Möglichkeiten, um eine glückliche und zufriedene Beziehung zu führen. Wenn du Kinder möchtest, obwohl du keine eigenen bekommen kannst, dann gibt es auch dazu in den meisten Fällen Möglichkeiten. Sei offen für das, was die Natur dir ermöglicht! Lass deine Beziehung nicht von dem bestimmen, was nicht möglich ist, sondern von dem, was machbar ist! Immer wieder erlebe ich Beziehungen, die daran scheitern, dass das Paar unbedingt Kinder möchte, aber gemeinsam keine bekommen kann. Die beiden steigern sich dann so in das Thema hinein, dass es den gesamten Lebensablauf bestimmt, dass es fast keinen anderen Fokus mehr gibt. Irgendwann hält das die beste Beziehung nicht mehr aus. Was hat man dann gewonnen? In Wahrheit nichts. Akzeptiere das, was ist, und nutze das, was die Natur als Möglichkeit bietet. Ich weiß schon, das ist manchmal einfacher gesagt als getan, da sind die verflixten Gefühle, die einem etwas anderes suggerieren und sich einfach nicht zügeln lassen. Da musst du aber durch. Es geht darum, den Blickwinkel zu verändern, etwas anderes ist es nicht. Du musst lernen, deinen Fokus zu verändern und darauf zu konzentrieren, was möglich ist.

Schauen wir nun auf Paare mit Kindern. Für sie besteht die große Gefahr, sich als Paar zu verlieren. Sie kümmern sich nur noch, rund um die Uhr, um ihren Nachwuchs. Zweisamkeit Fehlanzeige: Ständig stehen die Kinder im Vordergrund. Das eigene Zusammensein bleibt völlig auf der Strecke.

Häufig trennen sich Paare nach dem ersten Kind

Die Landesbausparkasse (LBS) hat die Familien-Studie »Übergang zur Elternschaft« in Auftrag geben. Diese Studie belegt, dass wir mittlerweile eine Scheidungsrate von über

40 Prozent haben. Davon ließen sich die meisten Paare innerhalb der ersten drei bis vier Jahre nach der Geburt des ersten Kindes scheiden. Die Untersuchung von einhundertfünfundsiebzig jungen Paaren belegt, dass viele sich den neuen Herausforderungen und Belastungen nicht gewachsen fühlen. Streitereien nahmen enorm zu und gleichzeitig nahmen Zärtlichkeit und Sexualleben deutlich ab. Aus anderen Quellen geht hervor, dass sich sogar circa 40 Prozent der Paare mit Kind im ersten Lebensjahr des Babys trennen.

Vielen Paaren gelingt es nicht, den Nachwuchs ins Beziehungsleben so einzubinden, dass das eigene Leben nicht auf der Strecke bleibt. Dies ist jedoch enorm wichtig, denn ein Kind soll ja eine Bereicherung der Partnerschaft werden und nicht der Grund für die Trennung. Zumindest ist das der Gedanke, den man hat, wenn man sich für Nachwuchs entscheidet. Besonders jüngere Paare unterschätzen, was da auf sie zukommt. Die Wirklichkeit und unsere Vorstellung weichen häufig extrem voneinander ab. Die schöne Vorstellung und die harte Realität sind zwei ganz unterschiedliche Dinge. Alleine der Schlafmangel, das ständige Geschrei des Kindes werden zur Herausforderung. Kleine Kinder kann man keine zwei Minuten aus den Augen lassen, sie benötigen unsere ganze Aufmerksamkeit. Das Leben dreht sich rund um die Uhr um das Kind, und die Romantik bleibt allzu oft auf der Strecke. Der Traum von der heilen Welt wird schnell durch die Wirklichkeit überschattet. Besonders betroffen sind oft Elternteile, die selbst als Einzelkind aufgewachsen sind und denen die Realität bisher nicht bewusst war – sie wissen schlicht nicht, was ein Kind alles mit sich bringt und welche Belastung das für jedes Elternteil für sich genommen, aber auch für die beiden als Paar bedeutet.

Elternzeit – Chance für die Beziehung

Ist ein Kind da, entsteht häufig eine klassische Rollenaufteilung. Während der Mann arbeiten geht, um den Lebensunterhalt zu verdienen, bleibt die Frau zu Hause, um den Alltag mit Kind zu bewältigen. In ihrer Aufgabe fühlen sich die frischen Mütter häufig von den Vätern nicht wertgeschätzt, die Arbeit wird ihrer Ansicht nach nicht ausreichend anerkannt. Andererseits hat der neue Vater den Eindruck, die Frau habe den besseren Draht zum Kind, und beginnt sich womöglich wie das fünfte Rad am Wagen zu fühlen. Seine Partnerin scheint nur noch für das Kind zu leben, für einen Dritten ist in ihrer engen Beziehung kein Platz. Unzufriedenheit wächst auf beiden Seiten. Das führt zu Konflikten und Streitigkeiten – der Beginn eines Teufelskreises.

Daher kann es durchaus förderlich sein, wenn auch der Vater Elternzeit in Anspruch nimmt – und möglicherweise nicht nur zwei Monate, wie es häufig der Fall ist. Wenn möglich auch nicht erst am Ende des ersten Lebensjahres, denn Bindung entsteht auch ganz am Anfang. Durch die gemeinsame Zeit und den gemeinsamen Alltag mit dem Kind wird die Bindung deutlich gestärkt: Väter verbringen mehr Zeit mit den Kindern, bekommen mehr vom Aufwachsen und der Entwicklung der Kinder mit. Sie entwickeln mehr Verständnis für das Verhalten des Kindes – und für das der Mutter. Außerdem wächst die Anerkennung für die Leistung der Mutter, denn oft werden diese und die physische Belastung nicht richtig wahrgenommen und somit nicht genügend wertgeschätzt. Durch die Elternzeit des Vaters entsteht eine neue Verteilung, die der Beziehung förderlich ist. Es entsteht ein neues Familiengefühl, das Wir wird gestärkt. Das schweißt zusammen. Dadurch dass die Rollen der beiden Elternteile ausgeglichener sind, ist die Mutter selber relaxter, oft auch stolz, wenn sie sieht, wie der Vater mit dem Kund umgeht. Es steigen die Sympathie für und das Vertrauen zum Partner.

Elternsein ohne Führerschein

Wir werden aufs Elternsein in der Regel zu wenig vorbereitet. Wir wissen nicht, was wirklich auf uns zukommt. Neben der Freude über das Kind und der Begeisterung über den Nachwuchs kommen unerwartete Hürden und Hindernisse auf uns zu. Auf diese sollten wir vorbereitet sein. Denn es ist weder für uns noch für das Kind von Vorteil, wenn es zu einer Trennung kommt. Es ist zwingend erforderlich, dass man von vornherein auch weiter Zeit für sich alleine einplant. Das ist nicht immer einfach; man muss es regelrecht organisieren. Es ist aber extrem wichtig, wenn man beabsichtigt, die nächsten Jahre zusammenzubleiben, und wenn die Freude über den Nachwuchs bestehen bleiben soll. Sorge dafür, dass du auch mal alleine mit dem Partner essen gehst, mal ins Kino, oder dass ihr auch mal ein Wochenende alleine verbringt. Wir hatten das große Glück, dass meine Eltern nur wenige hundert Meter von uns entfernt wohnten, als unsere Kinder geboren wurden. So konnten wir uns immer sehr spontan für Zweisamkeit entscheiden und haben von vornherein darauf geachtet, dass wir auch Zeit ohne Kind verbracht haben. Immer mal ein Urlaub mit Kind und auch mal ohne. Ich weiß, dass dies in der Praxis nicht immer so einfach ist, wie es bei uns war, aber irgendwie geht es immer und es muss auch nicht immer viel kosten.

Viele Paare ignorieren dies und unterschätzen die Wirkung, die Paarzeit ohne Kind hat. Wenn man sich diese Zeit für Zweisamkeit nicht nimmt, dann ist die Konsequenz meist programmiert. Durch die Zeit alleine können die Zärtlichkeit füreinander und auch das Sexleben gestärkt werden. Es entsteht Zeit, um über Differenzen und unterschiedliche Meinungen zu diskutieren. Man muss dies dann nicht im Tagesstress zwischen Tür und Angel tun. Die Freude auf den Partner bleibt bestehen. Spannung, Lust und Glücksgefühl bleiben da. Auch in diesem Fall ist wieder das Gefühl der Freiheit entscheidend – man ist nicht an das Kind gefesselt. Dies ist für uns neben der Geborgenheit und dem Sicherheitsdenken ein wichtiger Wert. Die Zeit zu zweit unterstützt das Freiheitsgefühl.

Gute Eltern nehmen sich auch Zeit für sich

Lass nicht den Gedanken zu, dass du eine schlechte Mutter oder ein schlechter Vater bist, wenn du dein Kind für einen Abend, einen Tag oder auch mal für ein Wochenende in andere Hände gibst. Ganz im Gegenteil, auch dein Kind bekommt ein anderes soziales Denken, es verliert Ängste gegenüber Dritten und entwickelt eine natürliche Offenheit. Auch dein Kind hat das Anrecht, mal Zeit ohne dich verbringen zu dürfen, in anderer Umgebung, mit anderen vertrauten Menschen. Manchmal schütten Verwandte oder Freunde Öl ins Feuer und äußern Unverständnis, dass du dein Kind in dritte Hände gibst. Lass dich davon nicht verunsichern und steh zu deiner Partnerschaft. So zeigst du, dass dir etwas an einer guten Beziehung liegt und du eine optimale Basis für das Aufwachsen deines Kindes möchtest. Denn eine funktionierende Partnerschaft ist nun mal für das Aufwachsen eines Kindes die beste Grundlage.

Noch wichtiger ist das, was ich gerade gesagt habe, wenn dein Kind vielleicht mit einer Krankheit oder Behinderung auf die Welt kommt. Wenn es sehr viel Betreuung und Unterstützung benötigt, wenn es von dir vollen Einsatz fordert, findest du vielleicht kaum Zeit für dich und deinen Partner. Doch gerade wenn du all deine Kraft brauchst, solltest du auf deine Beziehung achten, denn Zweisamkeit ist eine große Kraftquelle. Du kennst sicher die Sicherheitsanweisungen im Flugzeug, dass du zuerst für dich die Sauerstoffmaske nehmen und erst dann anderen helfen sollst. Das ist auch in anderen Bereichen sinnvoll und du kannst es dir nicht oft genug sagen: Wenn du nicht zuerst an dich denkst, dann hast du keine Kraft mehr für andere. Das hat nichts mit Egoismus zu tun, sondern dient dazu, die Kraft zu bewahren, die du benötigst, um anderen helfen zu können.

Kinder sind Lebensabschnittsgefährten

So grausam es sich auch anhört: Ein Kind ist im Grunde ein Lebensabschnittsgefährte. Es verbringt vielleicht achtzehn bis zwanzig Jahre bei uns im Haus. In der Regel wird es dann beginnen, seinen eigenen Weg zu gehen – dann sind wir wieder alleine, wieder ein Paar mit einem ganz neuen Tagesablauf. Es gibt also ein Leben nach dem Kind. Damit du dann nicht in ein großes Loch fällst, ist es enorm wichtig, die Zeit zu zweit zu genießen und zu planen, auch wenn das Kind noch jung ist. Es geht nicht darum, seine Kinder zu vernachlässigen, es geht darum, die richtige Balance zu finden und zu erhalten. Genieße die Zeit mit Kindern und behalte die Zeit für euch als Paar im Auge. Bereite dich auch auf den Lebensabschnitt vor, in dem die Kinder ihr eigenes Leben leben werden. Wäre doch schade, wenn ihr euch dann nichts mehr zu sagen hättet und nicht mehr wüsstet, was ihr mit euch anfangen sollt.

Erziehung – ein häufiges Konfliktthema

Das Thema »Erziehung« kann in der Partnerschaft zu einer wirklichen Herausforderung werden. Nicht selten gehen die Meinungen, die die beiden Elternteile darüber haben, deutlich auseinander. Die Frage, wie man denn nun richtig mit den Kindern umgeht, kann entsprechend innerhalb einer Beziehung eine echte Herausforderung sein. Sucht nach Kompromissen und stimmt euch entsprechend ab! Es gibt nichts Schlimmeres, als sich ständig über die Erziehungsmethode in die Haare zu bekommen. Auch für das Kind ist es unangenehm, wenn Eltern sich ständig streiten. Denk an deine Vorbildfunktion. Lebe dem Kind eine glückliche Partnerschaft vor. Nicht spielen, leben! Auf diese Weise bekommt das Kind das, was vielen von uns in der Jugend gefehlt hat: ein positives Vorbild in Form seiner eigenen Eltern. Dies wiederum kann ein guter Grundstein für eine gelungene Beziehung deiner Kinder sein.

15.
Zeit für dich

Zeit, die vergangen ist, ist unwiederbringlich vorbei, und je mehr unserer Zeit vergangen ist, desto weniger Zeit steht uns im Leben noch zur Verfügung. Eine Eieruhr, die immer weiter läuft und sich nicht anhalten lässt. Zeit ist demnach begrenzt; wir können sie nicht aufholen und auch nicht mehr zurückholen. Wir wissen zwar alle um die Begrenzung, trotzdem gehen wir häufig sorglos mit unserer Zeit um. Wir teilen sie uns nicht bewusst ein, dabei wäre gerade das das Naheliegende, um unsere Zeit gut zu nutzen.

Ausreichend Zeit zu haben, in der wir uns frei fühlen und uns nach unseren Bedürfnissen entfalten können, ist wichtig für das eigene Glücksempfinden. Wenn unser eigenes Glücksempfinden steigt, steigert sich auch die Harmonie in der Partnerschaft. Zu einer glücklichen und ausgewogenen Partnerschaft gehört daher nicht nur, ausreichend Zeit mit dem Partner zu verbringen, sondern auch Zeit für sich selbst einzuplanen. Das hört sich vielleicht im ersten Augenblick wie ein Gegensatz an. Du sollst deine Zeit nicht mit dem Partner, sondern alleine verbringen? Ja, genau richtig. Für die Partnerschaft ist es nicht nur wichtig, dass ihr gemeinsam Zeit verbringt, sondern genauso wichtig ist es, dass jeder auch seine eigene Zeit hat. Sich seinen Freiraum erhält.

Tu das, was dir Freude bereitet

Zeit für dich ist die Zeit, in der du tust, was dir Spaß und Freude bereitet. Zeit, die du wirklich für dich in Anspruch nimmst und ausschließlich nach deinen Bedürfnissen gestaltest. Das kann die Zeit beim Sport sein, bei Spaziergängen, das kann auch einfach die Zeit beim Lesen eines schönen Buches sein. Es kann auch Zeit sein, die du in Social Media verbringst, wenn das etwas ist, was dir Freude bereitet. Diese Zeit für dich ist wichtig, um zur Ruhe zu kommen, um Stress abzubauen. Stress ist eine negative Gefühlsäußerung, die Krankheit und Unzufriedenheit fördert. Zeit für dich gibt dir das Gefühl, Raum zu haben. Wenn diese Zeit nicht verfügbar ist, dann entwickelt sich ein innerer Druck. Ähnlich wie bei einem Luftballon, den du immer weiter aufbläst – irgendwann wird er platzen. Nur wenn du neben dem Aufblasen gleichzeitig immer etwas Luft ablässt, kannst du das Platzen verhindern. Ähnlich ist es mit deinem Stressgefühl. Die Zeit für dich signalisiert deinem Unterbewusstsein, dass du frei bist. So wird innerer Druck abgebaut beziehungsweise erst gar nicht aufgebaut.

Single sein in der Partnerschaft

Auf das, was vielen am Singledasein gefällt, müssen wir in der Partnerschaft nicht zwingend verzichten. Das Freiheitsgefühl, das das Singledasein ausmacht, kannst du auch in der Partnerschaft erhalten – zwar in etwas begrenzterer Weise, aber doch so, dass du dich frei fühlst. Dieses Gefühl hilft dir, dein Leben anders wahrzunehmen. Eine Beziehung engt in gewisser Weise ein. Das ist gar nicht so negativ gemeint, wie es sich vielleicht anhört. Es ist einfach so, dass jede Beziehung aus diversen Regeln und Kompromissen besteht, und das ist nun mal anders, als wenn man Single ist. Das ist auch so, wenn du in einer Partnerschaft lebst und ihr euch viel Freiheit lasst. Die Zeit alleine kannst du gestalten, wie es dir beliebt, ohne Rücksicht und ohne Kompromisse, frei eben. Die Empfindung dazu ist bei jedem anders: Der eine benötigt mehr Zeit für sich und der andere weniger. Die Zeit für dich selbst schafft dir genau das Freiheitsgefühl, das eine perfekte Ergänzung zum Geborgenheits- und Sicherheitsgefühl innerhalb der Partnerschaft darstellt.

Dich selbst besser kennenlernen

Natürlich hat die Zeit für dich noch einen anderen Aspekt: Sie gibt dir die Möglichkeit, über dein Leben nachzudenken. Du kannst deinen Istzustand wahrnehmen und prüfen, an welchen Stellen in deinem Leben es Möglichkeiten zur Optimierung gibt. Es ist wichtig, dass du regelmäßig prüfst, wo du stehst. Auch deine Partnerschaft solltest du regelmäßig reflektieren: schauen, ob du wirklich glücklich bist, ob alles so läuft, wie du es dir vorstellst. Wir leben viel zu oft einfach in den Tag hinein und verlieren unsere Beziehung dabei vollständig aus den Augen, bis es irgendwann zu spät ist. Sag mir jetzt bitte nicht, dass du dafür keine Zeit hast! Denn das ist immer eine Sache der Priorisierung, es gibt immer die Möglichkeit, diese Zeit für sich einzuplanen. Es geht hier nicht um Perfektion – Partnerschaft bedeutet immer auch Kompromissbereitschaft. Das bedeutet jedoch nicht, dass du Dinge hinnehmen musst, die dich unglücklich machen. Die regelmäßige Reflexion darüber, wo du selbst stehst, sorgt dafür, dass du eventuelle Schwachstellen schnell ausfindig machen kannst. Und eine frühzeitige Reaktion sorgt dafür, dass sich Unzufriedenheit nicht in dich hineinfrisst. Du kannst schnell für Optimierung sorgen. Auf diese Art beugst du auch Krankheiten und Unglücklichsein vor. All das ist nur möglich, wenn du ausreichend Zeit für dich einplanst.

Diese Zeit sorgt dafür, dass du im Gleichgewicht bleibst, du bist relaxter und entspannter. Deine Ausgeglichenheit wirkt sich nicht nur auf deine Arbeit positiv aus, sondern vor allem auf deine Beziehung. Wenn du dir diese Zeit nicht nimmst, dann kommt irgendwann die Retourkutsche – mit allen negativen Auswirkungen auf deine Beziehung und im schlimmsten Fall sogar auf deine Gesundheit.

Erkenne deine Bedürfnisse

Wenn du in deinem Hamsterrad immer weiter strampelst und nicht zwischendurch mal anhältst, dann wirst du nicht erkennen, dass dir etwas fehlt. Und wenn du folglich gar keinen Mangel siehst, kannst du natürlich auch nichts optimieren. Du wirst vielleicht mit der Zeit immer urglücklicher, ohne es auf Anhieb zu merken. In einem schleichenden

Prozess wirst du langsam unzufriedener, bis es irgendwann knallt. Wer seine eigenen Bedürfnisse vernachlässigt, tut im Übrigen auch seinem Immunsystem nichts Gutes; er wird anfälliger für Krankheiten und fördert Nervosität.

Ausschlaggebend ist nicht, wie du die Zeit verbringst, die du dir für dich nimmst. Die Hauptsache ist, dass das, was du tust, deinen Bedürfnissen wirklich entspricht. Wichtig ist, dass sich diese Zeit anfühlt wie eine Auszeit zum alltäglichen Trott. Fragt man die Wissenschaft, wie viel Zeit du einplanen solltest, erhält man keine einheitliche Antwort. Hier kommt es ganz auf dich und deine Persönlichkeit an. Es kann durchaus Phasen in deinem Leben geben, in denen du mehr Zeit für dich einplanst, und andere, in denen es etwas weniger Zeit ist. Unser Leben ist ja nun mal nicht festgenagelt, du brauchst Flexibilität und es soll ja eben kein Zwang sein. Wichtig ist nur, dass du ein gewisses Zeitfenster einplanst und nicht dauerhaft ignorierst, dass du auch Zeit für dich brauchst.

Eifersucht vermeiden

Zeit mit sich selbst zu verbringen ist auch ein gutes Mittel, um Eifersucht entgegenzuwirken. Wenn du gewohnt bist, auch mal mit dir alleine zu sein, auch ohne deinen Partner schöne Momente zu erleben, dann minimierst du die Angst vor dem Alleinsein. Das wiederum verkleinert die Verlustangst, die hinter der Eifersucht steht. Die Erkenntnis, dass du auch mit dir alleine glücklich sein kannst, gibt dir außerdem ein Sicherheitsgefühl, das unabhängig von deinem Partner besteht – du bist weniger abhängig von ihm. Und dadurch, dass du wahrnimmst, dass du eine eigenständige Persönlichkeit bist, steigert sich auch dein Selbstwertgefühl: Du bist etwas wert, du kannst auch alleine glücklich sein, du hast dein Leben selbst in der Hand. Das sind Empfindungen, die das Gefühl von Abhängigkeit minimieren und damit die Verlustangst senken beziehungsweise ganz beseitigen. Dieses Unabhängigkeitsgefühl sorgt auch für eine harmonischere Beziehung. Denn nicht den Partner einzuengen und ihn an sich zu binden sorgt für eine glückliche Beziehung, sondern die Erkenntnis, dass man gerne zusammen ist, dass man gerne ein gemeinschaftliches Leben führt und gerne Zeit zusammen verbringt, aber gleichzeitig auch jeder ein eigenständiger Mensch ist. Das sorgt für das Gleichgewicht in einer Partnerschaft.

Natürlich gilt das Ganze auch umgekehrt: Auch dein Partner hat das Bedürfnis und das Anrecht, Zeit für sich zu haben. Es ist wichtig, dass ihr dies gemeinsam abstimmt und jeder die Möglichkeit bekommt, sein Zeitfenster zu planen. Eine gewisse Menge an Disziplin und Kompromissbereitschaft ist dabei sicher erforderlich. Diese Freiheit wirkt sich befreiend und positiv auf deine Beziehung aus. Jemandem die Freiheit zu lassen, sich eigenbestimmt entfalten und verwirklichen zu können, ist ein wichtiger Bestandteil einer funktionierenden Beziehung. Deinem Partner die dafür nötige Zeit zu lassen, bedeutet auch, ihm Vertrauen zu schenken. Es zeigt dem Unterbewusstsein deines Partners, dass du ihn wertschätzt und seine Bedürfnisse akzeptierst.

Die Dominanz des Partners

Freiraum geben

Die Ehefrau eines guten Bekannten war sehr vereinnahmend, sie kontrollierte ihn konstant. Sie wollte immer ganz genau wissen, wann er wo ist, wann er genau nach Hause kommt, und ließ ihm keinen Spielraum, um seine eigenen Bedürfnisse umzusetzen. Sie verhinderte Freundschaften, da sie ihn so gut wie nie alleine wegließ. Scheinbar konnte sie es nicht ertragen, dass er eine gute Zeit mit anderen Menschen außer mit ihr erlebte. Selbst seinen Sport konnte er kaum so betreiben, wie er es gerne getan hätte. Alle seine sozialen Kontakte wurden durch sie verhindert. Selbst den Kontakt zu seinen Eltern unterband sie mit der Zeit.

Man kann sich natürlich fragen, warum er das überhaupt zuließ, schließlich ist er doch ein selbstständiges Wesen. Er hätte doch dagegen angehen können. Dazu muss man bedenken, dass es in Beziehungen oft dazu kommt, dass man sich in einer Zwickmühle befindet. Meist sind es schleichende Prozesse, die uns in solche Situationen führen. Man erkennt dadurch gar nicht so deutlich, wie ich es hier dargestellt habe, wie sich die Dinge entwickeln. Es geht meist mit kleineren Sticheleien los, zum Beispiel werden Aussagen wiedergegeben, die ein Freund oder in dem Fall ein Elternteil gesagt haben soll. Und mit Vorwürfen wie »Du arbeitest ja nur noch und hast keine Zeit für mich und die Kinder«, »Immer triffst du dich mit irgendjemandem und uns lässt du hier alleine«, »Wie kannst du dich nur mit dem treffen, du weißt doch, dass der dich nur runterzieht« oder »Er ist doch in Wahrheit gar nicht daran interessiert, dich weiterzubringen, er will dich doch nur bremsen«. Solche und ähnliche Aussagen setzen sich mit der Zeit Stück für Stück fest. Um Konflikten aus dem Weg zu gehen, geht man dann immer mehr auf die Forderungen des Partners ein. Dadurch rücken die eigenen Bedürfnisse nach sozialen Kontakten immer weiter nach hinten. Doch das steigert die innere Unzufriedenheit peu à peu. Wenn man sich nicht mehr entfalten kann, dann entstehen eben die bereits genannten Stresssituationen. Das geht eine Weile gut, aber eben nur eine Weile. Langfristig steigt der Druck, bis der Ballon irgendwann platzt. Meist ist es dann für die Beziehung zu spät.

So auch in unserem Beispiel. Mein Bekannter hat seine Familie irgendwann verlassen und sich eine neue Partnerin gesucht. Der Druck, den seine Partnerin auf ihn ausgeübt hat, die Art und Weise, wie sie seine sozialen Kontakte vermindert hat, die Einschränkung seiner Zeit für sich – das alles hat dazu geführt, dass die Fesseln für ihn zu eng geworden sind.

Es ist nicht so, dass immer Streitigkeiten, die häufiger und intensiver werden, für Trennungen verantwortlich sind. Ganz im Gegenteil, oft liegt es daran, dass man immer weniger miteinander redet; man verliert sich in Gleichgültigkeit. Das ist viel schlimmer als Streit, denn so lange man sich streitet, kommuniziert man wenigstens noch und hat die Möglichkeit, im Streit Lösungen zu finden. In der Gleichgültigkeit geht das nicht mehr.

Freiräume verlängern die Beziehung

Ich hoffe, du hast erkannt, wie wichtig es ist, dem Partner die Freiräume zu lassen, die er benötigt, um sich glücklich zu fühlen. Es geht aber nicht darum, dem Partner zu sagen: »Hey, ich habe dir jetzt da die Zeit gegeben, jetzt gibst du mir bitte da die Zeit.« In einer Partnerschaft muss nicht aufgerechnet werden. Es geht nicht immer um Geben und Nehmen. Es geht erst mal nur ums Geben. Denn in einer Partnerschaft gibst du aus Freude. Liebe gibst du, weil du sie empfindest, und nicht, weil du eine Erwiderung erwartest. Wenn du Liebe fühlst, dann ist diese Emotion da, dann wünschst du dir das Beste für deinen Partner. Indem du dem Partner Freiräume für sich ermöglichst, stärkst du deine Beziehung, du festigst sie. Du gibst, weil du möchtest, dass dein Partner glücklich ist. Du erwartest nicht, sondern du gibst bedingungslos. Dieses Geben kommt automatisch zurück. Das erwartungslose Geben ist wie ein Bumerang; es gibt dir Positives zurück.

Ausgewogenheit zum Glücklichsein

Versteh mich bitte nicht falsch: Es geht nicht darum, dass jeder macht, was er will, und man sich nicht um den anderen kümmert. Es geht vielmehr darum, die richtige Balance zu finden. Den richtigen Mittelweg, der es ermöglicht, dass jeder – neben der Schnittmenge innerhalb der Beziehung – auch seine Eigenständigkeit behalten kann. Die Zeit für dich und die Zeit für deinen Partner ist also nur ein Teil der Beziehung. Die Zeit für euch zu zweit und auch für euch als Familie oder die Zeit mit Freunden gehört genauso dazu. Es geht also nicht darum, dass jeder nur noch Zeit für sich verbringt. Ich habe es bereits gesagt: Es geht um die Balance, um die richtige Mischung. Eine Beziehung lebt von der richtigen Mischung der Zutaten. Zu viel vom einen oder zu viel vom anderen sorgt dafür, dass es nicht schmeckt. Es geht darum, die Ausgewogenheit zu finden, das ist der Schlüssel zum Glücklichsein.

Dem Partner die eigene Zeit zuzugestehen ist nicht immer ganz einfach, denn es bedeutet ja, dass er die Zeit nicht für dich und gegebenenfalls für die Familie investieren kann. Dann kommt die Eifersucht. Nicht nur, dass du nicht genau weißt, was er in der betreffenden Zeit macht, sondern auch der Gedanke, dass er vielleicht mehr Freude mit anderen haben könnte als mit dir. Darüber musst du hinweg! Wenn der Partner fremdgehen will, dann macht er das sowieso. Wenn der Partner Freude mit anderen hat, dann ist das nur sein Recht und hat erst mal nichts mit dir zu tun. Löse dich von diesen negativen Gedanken. Lass Vertrauen zu. Mach dir bewusst, dass die gegebene Freiheit für eine harmonische Beziehung sorgt. Wenn dein Partner allerdings lieber nur noch Zeit ohne dich verbringen möchte, dann stimmt die Balance nicht. Das deutet dann auf andere Probleme in deiner Beziehung.

16.
Gemeinsame Werte

Jeder Mensch ist einzigartig. Es gibt keine zwei Menschen, die exakt gleich sind, selbst bei eineiigen Zwillingen gibt es Unterschiede. Unter anderem unterscheiden wir uns in unseren Werten. Werte sind Überzeugungen, die uns in unserem bisherigen Leben geprägt haben. Mit ihnen definieren wir, was wir für uns, für unseren Partner, für unsere Umwelt wollen. Unsere Werte beeinflussen uns nicht nur in der Partnerschaft, sondern auch auf der Arbeit und im weiteren Leben. Denn Gesellschaften, Firmen und Organisationen haben meist ihre eigenen Werte und Vorstellungen. Wenn du in einer Firma arbeitest, deren Werte du nicht teilst, dann wirst du dort nicht glücklich werden. Wenn die Werte einer Firma Schnelligkeit und Einfachheit sind, deine aber Qualität und Zuverlässigkeit, dann passen die Werte nicht zueinander.

Werte sind die Anker in unserem Leben. Sie geben uns Orientierung und Halt. Werte beeinflussen unsere Handlungen und unser Verhalten. Entsprechend sind sie auch für unsere Beziehungen wichtig.

Beispiele für Werte sind Abenteuer, Familie, Ehrlichkeit, Offenheit, Disziplin, Freiheit, Vertrauen, Sparsamkeit, Sauberkeit, Sorgfalt, Hilfsbereitschaft, Pünktlichkeit, Gesundheit, Frieden, Gemütlichkeit, Großzügigkeit, Zuverlässigkeit.

Werte verändern sich im Laufe des Lebens

Im Laufe des Lebens verändert sich jeder Mensch. Das betrifft sowohl das Aussehen als auch seine Charakterzüge. Wir entwickeln uns eben – das hört ein Leben lang nicht auf. Auch unsere Werte sind nicht in Stein gemeißelt, auch sie verändern sich im Laufe unseres Lebens. So können Lebenserfahrungen, die man macht, dafür sorgen, dass sich Ansichten und Werte verändern.

Werte verändern sich

Eine junge Frau war sehr ehrgeizig, sie wollte finanziell hoch hinaus. Sie setzte in ihrem Beruf alles ein, was sie hatte. Sie arbeitete jede Minute. Wenn sie morgens das Haus verließ, war es noch dunkel. Abends, wenn sie nach Hause kam, war es schon wieder dunkel. Selbst zu Hause konnte sie keine Ruhe finden, sie hatte das Gefühl, dass sie noch mehr leisten und noch mehr fertigstellen müsste. Zeit für andere, für ein Hobby, für Familie oder für einen festen Partner hatte sie nicht. Wo hätte sie auch einen Partner finden sollen, sie ging nicht aus und während der Arbeit war sie zu sehr in ihre Aufgaben vertieft, als dass sie etwas anderes hätte wahrnehmen können. Schritt für Schritt stieg sie auf ihrer Karriereleiter immer höher. Sie war stolz auf sich und konnte sich immer mehr leisten. Sie wechselte die Wohnung, zog in eine Eins-a-Penthouse-Wohnung und kaufte sich einen Porsche. Für sie zählte weiterhin nur das eine – der Erfolg.

Bis zu einem bestimmten Tag, als sie an einem Abend, an dem es wieder mal später geworden war, in strömendem Regen nach Hause fuhr. In einer Kurve kam sie mit ihrem Porsche ins Schleudern, verlor die Kontrolle, kam von der Straße ab und fuhr gegen einen Baum. Erst Tage später kam sie im Krankenhaus wieder zu sich. Die Diagnose war Querschnittslähmung. Dass sie überhaupt überlebt hatte, kam einem Wunder nahe. Dieses einschneidende Erlebnis veränderte ihr komplettes Leben. Die Monate, die sie im Krankenhaus und in der Reha verbringen musste, brachten sie zum Nachdenken, zur Reflexion über ihr Leben. Sie hatte keine Freunde und keine Familie. Die einzigen, die noch da waren, waren ihre Eltern. Erst jetzt erkannte sie ihre wirkliche Situation. Es gab Momente, da überlegte sie, ob sie ihr Leben nicht lieber beenden sollte. Doch sie war immer noch eine Kämpferin und kam daher für sich zu dem Entschluss, dass es wichtigere Dinge im Leben gibt als die Karriere. Dass es wie ein Sechser im Lotto gewesen war, dass sie noch lebte. Dass man ihr eine zweite Chance gegeben hatte. Die Energie, die sie zuvor in ihren Job gesteckt hatte, setzte sie nun für ihre Genesung und den Aufbau von sozialen Kontakten ein. Sie fand einen liebevollen Partner und gründete mit ihm eine Familie. Ihren Ehrgeiz hatte sie nicht verloren; sie setzte ihn jetzt nur anders ein. Grund war, dass ihre Werte sich durch das einschneidende Erlebnis komplett verändert hatten. Plötzlich wurden ganz andere Dinge für sie wichtig.

Mir geht es bei der Geschichte nicht darum zu bewerten, ob das Streben nach Karriere gut oder schlecht ist – das muss jeder für sich entscheiden. Mir geht es darum, deutlich zu machen, dass sich Werte im Laufe des Lebens verändern können.

Die Werte des Partners

Bei Paaren hat jeder erst mal seine eigenen Werte, die sein Handeln steuern. Doch es gibt immer eine Schnittmenge an Werten, die bei beiden gleich sind. Diese Schnittmenge kann natürlich unterschiedlich groß sein – wenn sie sehr klein ist, ergeben sich daraus Schwierigkeiten. Wenn der eine sich zum Beispiel extrem nach Familie sehnt, der andere aber unbedingt eine sehr erfolgreiche Karriere machen möchte, dann ist klar: Es wird eine Herausforderung sein, diese beiden Werte zu verbinden. Denn um ein harmonisches Familienleben führen zu können, bedarf es gemeinsamer Zeit. Eine erfolgreiche Karriere aufzubauen, kostet allerdings ebenfalls vollen Einsatz und viel Zeit. Die Beziehung kann trotz dieses Gegensatzes funktionieren – dazu ist aber besonders viel Kommunikation und Abstimmung nötig. Beide Partner müssen die Werte und Vorstellungen des jeweils anderen kennen – nur so sind sie in der Lage, entsprechende Kompromisse zu finden. Doch leichter wird es sein, wenn die beiden Partner in grundlegenden Fragen und Vorstellungen übereinstimmen.

Denn wenn wir ständig gegen unsere Werte verstoßen und nicht nach unseren Überzeugungen leben, dann führt dies ebenfalls dazu, dass wir unglücklich sind. Es entstehen Stresssituationen, und wenn diese lange anhalten, dann fördern sie Krankheiten. Den meisten von uns ist nicht bewusst, wie viele Krankheiten durch diese Art von Stress verursacht werden. Deswegen ist es eine gute Startposition, wenn deine Werte und die deines Partners in die gleiche Richtung gehen oder wenn sie sich über gute Kompromisse miteinander vereinbaren lassen.

Als Erstes ist wichtig, dass du deine Werte und die deines Partners kennst. Denn wie soll dir eine Abstimmung gelingen, wenn das nicht der Fall ist? Dies ist jedoch nicht so einfach, weil die Werte ja nicht auf der Oberfläche liegen und sich auch nicht unbedingt unmittelbar äußern. Du kannst lediglich aufgrund diverser Verhaltensweisen darauf schließen, was für deinen Partner wichtig ist und was ihn antreibt.

Einen Partner, dessen Werte komplett mit deinen übereinstimmen, gibt es mit großer Wahrscheinlichkeit nicht. Wir Menschen sind einfach viel zu unterschiedlich. Selbst wenn du der Meinung bist, deinen Seelenverwandten gefunden zu haben, wird es Unterschiede in den Werten geben. Wichtig ist, dass die wesentlichen und wichtigen Werte übereinstimmen, denn nur dann könnt ihr euch in die gleiche Richtung entwickeln. Stell dir vor, zu deinen wichtigsten Werten gehören Geborgenheit, Familie, soziales Umfeld, und der wichtigste Wert deines Partners ist die Freiheit. Wie soll das funktionieren? Einer von beiden müsste extrem gegen seine Werte leben und würde auf Dauer nicht glücklich werden. In der Regel haben sich deine Werte über lange Zeit entwickelt und sind fester Bestandteil deiner Persönlichkeit. Du kannst sie also auch nicht von jetzt auf gleich verändern – eine plötzliche Veränderung ist meist ist nur aufgrund von extremen Schlüsselsituationen möglich, wie im Beispiel der jungen Frau mit dem Unfall. Sich dem Partner zuliebe auf dessen Werte einzustellen, geht nur in begrenztem Maße und nur dann, wenn diese Werte deinen Überzeugungen nicht komplett widersprechen. Versuch also nicht zu sehr, dich zu verbiegen, sondern suche eher nach Gemeinsamkeiten und guten Kompromissen, mit denen ihr beide gut leben könnt.

Kompromisse bei unterschiedlichen Werten

Ein guter Bekannter von mir hat als Wert »Sparsamkeit«, wobei das noch sehr vorsichtig ausgedrückt ist. (Ich will das Wort »geizig« hier aus Sympathie für ihn nicht verwenden.) Er hat eine Freundin, die ist genau das Gegenteil, sie liebt es, Geld auszugeben. Shoppen ist so ziemlich ihre größte Leidenschaft. Sie kauft wirklich alles, was nicht niet- und nagelfest ist. Ihr Verhalten könnte schon an Kaufsucht grenzen. Wenn sie nun vom Geld meines Bekannten abhängig wäre, es zum Beispiel nur ein gemeinsames Konto gäbe, dann hätte ihre Partnerschaft wohl auf Dauer keine Basis. Diskussionen würden sicher in einer Art Kleinkrieg ausarten. Zum Glück für die Beziehung haben beide ihr eigenes Einkommen, sodass ihm die Ausgaben seiner Freundin zwar ein Dorn im Auge sind, ihn aber nicht wirklich belasten. Durch das getrennte Einkommen belastet das Verhalten der Freundin die Werte meines Bekannten nur begrenzt. Ein harmonisches Zusammenleben ist möglich. Es kommt immer darauf an, ob sich die Werte vereinbaren lassen. Ob es lösbare Kompromisse gibt. Wenn beide von seinem Einkommen leben würden und sie das Geld vom Sparfuchs ausgeben würde, dann würde er oder sie sich dauerhaft so verbiegen müssen, dass es keine glückliche Partnerschaft werden könnte. Der Stress würde den einen oder anderen regelrecht zerfressen.

Ich habe vorhin schon thematisiert, dass sich nicht nur deine Werte, sondern auch die deines Partners verändern können. Deswegen ist es erforderlich, die Werte gegenseitig im Auge zu behalten und Verständnis für den anderen aufzubringen. Meist gibt es Gründe, warum sich Einstellungen im Laufe der Zeit verändern. Die Zauberwörter für die Beziehung heißen also wieder Kommunikation und Verständnis. Nimm den anderen bewusst wahr und erkenne, was ihn bewegt. Eine glückliche Beziehung zu führen, bedeutet Wahrnehmung und Akzeptanz.

17.
Was tun in der Krise?

Wenn ein Paar in eine Krise gerät, ist die wichtigste Frage nicht, wer Schuld hat. Vielmehr müssen wir uns fragen, wie eine Lösung aussehen könnte. Die Schuldfrage führt letztlich nur zu Vorwürfen und immer neuen Streitigkeiten. Zu Lösungen führt sie nie. Und damit ist sie auch nicht relevant. Zu sehr beschäftigen wir uns damit, wer nun genau die Schuld an unserem Problem trägt.

Richte den Blick auf die Zukunft und somit darauf, wie ihr das Problem zukünftig beseitigen könnt. Dein Leben geschieht nicht in der Vergangenheit: Du legst heute den Grundstein für deine Zukunft. Die Entscheidungen, die du heute triffst, sind also entscheidend für dein Glück in der Zukunft. Wenn du heute mit deinem Partner ein Problem löst beziehungsweise zumindest die Weichen dazu stellst, dann bringst du dadurch deine Beziehung auf einen guten Weg.

Beziehung bedeutet auch, vergeben zu können und eben nicht mehr nach hinten zu schauen, sondern nach vorn. Frage dich, was du willst, was dein Ziel ist. Auch das hilft dabei, den Blick in die Zukunft zu richten und konstruktiv zu sein.

Die große Krise

Wie schon geschildert, waren meine Frau und ich nach zehn Jahren Ehe in einer Krise festgefahren. Wir waren an einem Punkt unserer Beziehung, an dem es nicht weiterging. Ich war drauf und dran, die Familie endgültig zu verlassen. Wir haben uns damals sogar ein halbes Jahr lang getrennt. Wir mussten uns erst mal wieder darüber klar werden, ob wir uns überhaupt noch wollten. Ob wir uns noch genügend lieben. Das Alltagsleben hatte uns überrannt. Wir haben mehr nebeneinander als miteinander gelebt. Die Pause hat uns erkennen lassen, dass wir beide die Beziehung wollten und dass wir auch den Rest unseres Lebens zusammenbleiben möchten. Uns war jedoch bewusst, dass wir nicht einfach so weitermachen konnten. Einfach zurück in den Istzustand – das hätte die Gründe für unsere Krise nicht aus der Welt geräumt. Wir mussten also schauen, wie wir unsere Beziehung auf eine andere Stufe stellen konnten. Uns war bewusst, dass wir das nicht alleine schaffen würden, und so haben wir uns für eine Paartherapie entschieden. Wir haben über eine gute Bekannte eine passende Dame gefunden, die uns zu Gesprächen zur Verfügung stand. Alle zwei Wochen haben wir uns jeweils für eine Stunde zum Gespräch getroffen. Sie hat moderiert, hat dafür gesorgt, dass beide ihren Redeanteil hatten und dass der jeweils andere zuhört, dass er versteht, was den anderen stört. Die Gespräche haben uns dabei geholfen, den Partner besser zu verstehen, mal das in Ruhe auszusprechen, was man selbst, ohne Moderation, nicht hatte sagen können.

Wir brauchten diese Unterstützung nur für wenige Monate, dann hatten wir gelernt, auf uns allein gestellt mit der Situation umzugehen. Wir haben das Gespräch mit der Therapeutin dann immer mal wieder gesucht, manchmal nach sechs Monaten und manchmal auch erst nach einem Jahr: Immer dann, wenn wir das Gefühl hatten, dass jemand Externes uns bei der Kommunikation würde helfen können. Für uns war das genau der richtige Weg. Es hat beiden mehr Verständnis für den anderen gebracht. Ich glaube, es wäre für die Partnerschaft noch besser, solche Angebote tatsächlich etwas regelmäßiger in Anspruch zu nehmen. Denn sie führen dazu, dass man immer mal wieder zum Nachdenken angeregt wird, sich regelmäßig in die Situation des anderen versetzt.

Die Angst vor Unterstützung

Viele Paare können sich nicht zu diesem Schritt durchringen, sie haben den Eindruck, dass sie keine Paartherapie benötigen. Sie verbinden dies mit etwas Negativem: Zu einem Therapeuten? Ich bin doch nicht verrückt, ich werde meine Beziehung doch selbst geregelt bekommen. Wie an meinem Beispiel vom Grillen deutlich geworden ist, ist es oft jedoch nicht so, man sieht selbst gar nicht, was alles suboptimal läuft. Erst der Grillkurs hat mir die Augen geöffnet, was ich alles noch besser machen könnte. In deiner Beziehung ist es genauso: Oft erkennst du das Potenzial deiner Beziehung erst durch die Hilfe Dritter. Es muss dir jemand die

Missstände zeigen. Plötzlich siehst du die Dinge mit ganz anderen Augen.

Versetze dich in deinen Partner

Wichtig ist, sich so richtig in die Position des anderen zu versetzen. Zu erkennen, warum etwas ist, wie es ist, zu erkennen, warum der Partner sich entsprechend verhält. Es gibt immer Ursache und Wirkung. Meist wird eine Verhaltensweise von dir dazu führen, dass es eine Reaktion vom Partner gibt. Dein Verhalten führt also zum Verhalten deines Partners. Dies ist auch der Grund, aus dem du deinen Partner durch Veränderung deines Verhaltens ebenfalls verändern kannst.

Die Zuwendung zu einem anderen Partner oder einer Affäre hat den Reiz, der am Anfang immer in dem Verbotenen liegt, darin, etwas zu tun, was nicht erlaubt ist, es erhält die Spannung. Gleichzeitig ist alles neu und ungewohnt. Du wirst wahrgenommen, jemand umschwärmt dich. Gerade wenn du bereits viele Jahre in einer Partnerschaft bist und diese sich in Routine verloren hat, ist ein neuer Partner erst mal sehr reizvoll. Es ist wie bei einem neuen Auto: Am Anfang wird es gehegt und gepflegt, mindestens zweimal die Woche geputzt, darf bloß keinen Kratzer bekommen, Waschanlage – nein, bloß nicht, per Hand waschen, Waschanlage hinterlässt ja Spuren. Mit der Zeit reicht dann auch noch einmal im Monat waschen, mit der Hand? Nee, viel zu viel Aufwand, die Waschanlage ist doch genauso gut, och, ein kleiner Kratzer, na, ist nicht ganz so wichtig. Nach drei Jahren gibt's das neue Auto und alles beginnt von vorne. Nichts anderes ist es mit einer Affäre: Mit der Zeit verliert auch sie ihren Reiz, das ehemals Neue wird zur Routine, du beginnst auch hier die Nachteile zu sehen. Nicht alles ist mehr rosarot.

Die bloße Veränderung bringt keine Lösung

Die Veränderung durch die Orientierung zu einem neuen Partner wird zwar am Anfang viel Anziehungskraft haben. Die Gefahr, dass sich dann jedoch die gleichen Probleme wieder einstellen, ist aber sehr hoch. Ich habe es bereits erwähnt: Wenn du die Ursache für deine Probleme nicht herausfindest, dann wird die reine Veränderung nichts bringen. Du musst dir über die eigentlichen Gründe im Klaren sein, dann kannst du Veränderungen vornehmen und alles in Ruhe betrachten. Wenn du dann zur Entscheidung kommst, dass deine Beziehung keine Grundlage mehr hat, dass du keine Möglichkeit siehst, eine Verbesserung zu erreichen, dann kann die Trennung oder der Wechsel zu einem anderen Partner der richtige Weg sein. Zuerst kommt jedoch die rationale Betrachtung der gegenwärtigen Situation.

Was tun, wenn der Partner die Probleme nicht sieht?

Was tun, wenn der Partner alles ganz anders sieht als du selber? Er findet die Beziehung super, er sieht keinen Bedarf, etwas zu verändern. Paartherapie? Du hast sie wohl nicht alle, was soll das denn? In dem Fall soll dich das nicht daran hindern, dich selber zu entwickeln. Der mehrfach genannte Grillkurs war nicht der Vorschlag meiner Frau, sie fand meine Grillkünste ausreichend. Sie sah keine Veranlassung, etwas zu verbessern. Den Kurs, die Entwicklung, habe ich für mich gemacht, durch die erkannte Möglichkeit zur Veränderung hat sich jedoch die Grillsituation nicht nur für mich, sondern auch für meine Frau optimiert. Sie hat ihr Verhalten durch meine Veränderung automatisch mit verändert. Durch die neuen Erkenntnisse habe ich gleichzeitig unseren Grillplatz erweitert, einen neuen Grill besorgt, Kühlschrank und Schrank gebaut, ein Waschbecken angelegt. Die neu gestaltete Umgebung hat unsere Gemeinschaftszelt erweitert. Bisher hat meine Frau Salate alleine in der Küche gemacht, nun haben wir die Möglichkeit, das Essen zusammen am Grillplatz vorzubereiten. Dadurch haben wir die gemeinsame Zeit deutlich erhöht, die Möglichkeit der gemeinsamen Vorbereitung hat uns Zeit geschaffen, mehr miteinander zu reden. Zeit zusammen zu verbringen. Die Änderung, die von mir ausging, hat dazu geführt, dass sich automatisch eine Veränderung bei meiner Frau eingestellt hat.

Wenn dein Partner also nicht von vornherein deine Meinung teilt, wenn er nicht mitziehen will, dann kann es in bestimmten Situationen ausreichend sein, wenn du Veränderungen vorgibst. Ursache und Wirkung. Genau hier liegt die Ursache vieler Probleme. Wir versuchen ständig den Partner zu verändern, er muss sein Verhalten ändern, er muss zuverlässiger und ordentlicher werden. Dabei ist es nahezu unmöglich, jemand anders zu verändern, denn Veränderung beginnt immer zuallererst bei uns.

18.
Gemeinsam alt werden

Wer wünscht sich das nicht, gemeinsam mit dem Partner alt werden? Ist es nicht unser aller Ziel, wenn wir uns für einen Partner entscheiden oder sogar eine Ehe eingehen? Wenn wir in der ersten Phase die Verliebtheit intensiv spüren, stellt sich die Frage gar nicht, wir können uns gar nicht vorstellen, irgendwann nicht mehr zusammen zu sein. Nur wissen wir alle, dass es nicht so bleiben wird. Das Leben und die Beziehung verändern sich, und wir werden vor unterschiedlichste Proben gestellt.

Die Herausforderungen des Lebens

Für immer harmonisch und zufrieden zusammenbleiben, bis ins hohe Alter die Zeit gemeinsam genießen, das sind unsere Träume. Das ist in der Praxis nicht immer ganz so einfach, wie wir es uns vorstellen. Das Leben hält viele Abschnitte und Herausforderungen für uns bereit, die wir überwinden müssen. Vieles, durch das wir gemeinsam durchmüssen, und mindestens genauso vieles, durch das jeder nur alleine durchkann. Je länger wir in einer Beziehung sind, umso mehr werden wir uns verändern und entwickeln. Dabei gibt es zwei Möglichkeiten: Entweder wachsen wir zusammen, indem wir uns gegenseitig prägen, oder wir driften auseinander, weil sich jeder in eine andere Richtung entwickelt. Auch wenn wir uns in gewissen Bereichen unterschiedlich entwickeln, muss das nicht das Ende der Beziehung sein. Wir haben ja bereits festgestellt, dass sich zwei Menschen in einer Beziehung mit zwei Ringen vergleichen lassen, die einander überschneiden. Da hat jeder seinen eigenen Part und es gibt eine unterschiedlich große Schnittmenge. Diese Schnittmenge verändert sich ständig im Leben. Sie ist mal größer und mal kleiner. Es kommt lediglich darauf an, wie ihr damit umgeht. Die Veränderung des Partners zu akzeptieren und ihm auch in seinem Wachstum Freiheit zu lassen, ist Bestandteil einer intakten Beziehung.

Die Veränderung im Alter

Nun verändern wir nicht nur unsere Ansichten und unser Verhalten. Es verändert sich auch unser Körper. Mit steigendem Alter bekommen wir mehr Falten, die Erdanziehung tut das Übrige. Ein Prozess, der sich weder aufhalten noch verändern lässt. Der ein oder andere versucht es mit Botox oder Operationen. Ob uns das mehr Glück beschert? Ich glaube es nicht! Viel besser ist es, in Würde zu altern, die Veränderung zu akzeptieren. Sie hinzunehmen. Wir wissen von klein auf, dass diese Art der Veränderung zu uns gehört, also akzeptieren wir sie doch in aller Gelassenheit! So wie wir die Alterungsprozesse unseres Körpers bei uns akzeptieren müssen, brauchen wir auch die betreffende Akzeptanz dem Partner gegenüber.

Veränderungen und Lebensabschnitte

Das, was wir uns erhalten müssen, ist das Verständnis für den anderen. Auf der einen Seite unsere eigene Veränderung zu akzeptieren und auf der anderen Seite die unseres Partners, darum geht es. Im Laufe der Beziehung müssen wir unsere Partnerschaft im Zuge der unterschiedlichen Lebensabschnitte immer wieder neu definieren.

Die schwierigste Zeit ist oft in der Lebensmitte. Vielleicht sind Kinder da, die unsere volle Aufmerksamkeit brauchen. Sie sorgen für Trubel und Herausforderungen. Bei manchen kommen auch die eigenen Eltern in ein Alter, in dem man Pflege und Unterstützung organisieren muss. Das Leben ist häufig nicht mehr so unbeschwert wie in jungen Jahren. Auch als Paar hat man manchmal das Gefühl, dass man sich nicht mehr so entwickelt, die Probleme und Streitpunkte wiederholen sich. Die Kommunikation lässt nach, man spricht weniger über seine Gefühle. Die Beziehung läuft so vor sich hin. Gespräche enden immer häufiger in Vorwürfen, statt zu Lösungen zu führen.

Die Weichen fürs Alter

Ab fünfundvierzig werden laut der Wissenschaft die grundlegenden Weichen für die Beziehung nach sechzig gelegt. Die Altersforscher Hartmut und Hildegard Radebold schreiben in ihrem Buch »Älterwerden will gelernt sein«, dass in späteren Jahren unsere Beziehung davon geprägt ist, wie wir gelernt haben mit Konflikten umzugehen. Wenn es uns also gelingt, uns im Alter ab fünfundvierzig mehr miteinander auseinanderzusetzen, mehr zu reden und Konflikte aus der Welt zu schaffen, dann legen wir damit einen wichtigen Grundstein für unsere Beziehung nach sechzig. Wenn du auf Dauer mit deinem Partner zusammenbleiben möchtest, dann bedeutet das auch, Vergangenes hinter sich zu lassen, zu verzeihen und unbeschwert in die Zukunft zu blicken.

Zusammen alt werden muss kein Schicksal sein, das man über sich ergehen lässt, weil vielleicht die Angst vorm Alleinsein überwiegt oder man sich einfach schon zu sehr an den Partner gewöhnt hat. Zusammen alt zu werden kann eine Möglichkeit sein, glücklich ins Alter zu gehen. Die Kunst liegt darin, dass du dir bewusst machst, dass das Leben nicht einfach so geschieht, sondern dass du es in der Hand hast. Du entscheidest darüber, wie du das Leben empfindest und was du daraus machst. Menschen, die Selbstverantwortung übernehmen, sind deutlich glücklicher. Sie haben erkannt, dass sie jederzeit etwas verändern können und dass es nie zu spät ist, um Dinge zu verbessern. Es spielt keine Rolle, wie alt du bist, zu jeder Zeit und in jedem Alter sind Veränderungen möglich. Es liegt also an dir, ob du zu zweit einsam bleibst oder ob ihr zu zweit als Team euer Älterwerden genießt. Beziehungen scheitern sehr häufig, weil sich die Partner nicht mehr umeinander kümmern, einander nicht mehr wirklich wahrnehmen.

Jeder hat seine eigenen Problemchen

Jeder Partner hat auf unterschiedliche Weise mit dem Älterwerden zu kämpfen. Dem einen fällt es leichter und dem anderen schwerer. Männer, die ein Leben lang gearbeitet haben und sich im Job mit vollem Herzen eingebracht haben, werden immer mehr mit jungen Kollegen konfrontiert. Sie haben manchmal das Gefühl, dass sie nicht mehr gebraucht werden. Sie haben oft versäumt, ihre Ziele fürs Alter zu definieren, Aufgaben und Beschäftigungen zu suchen, die ihnen auch im Alter das Gefühl geben, etwas zu können und wichtig zu sein. Bei Frauen ist die Situation oft, dass plötzlich die Kinder aus dem Haus sind. Auf einmal ist es leer. Die Aufgabe, die bisher den Tagesablauf bestimmt hat, ist plötzlich nicht mehr da. Auch hier fällt das Gefühl, dass man gebraucht wird und dass man wichtig ist, plötzlich weg.

Dies sind nur zwei von unzähligen Beispielen von Situationen, mit denen man konfrontiert werden kann. Es ist wichtig, dass du die Empfindungen deines Partners ernst nimmst. So wie du gerne möchtest, dass deine Empfindungen ernst genommen werden. Auch wenn dein Partner mit anderen Sorgen konfrontiert wird, du diese vielleicht nicht verstehst, weil du anders denkst, ist es wichtig, dass du sie ernst nimmst. Unterstütze deinen Partner, sein Tal zu überwinden und neue Kraft zu tanken. Unterstütze ihn dabei, neue Aufgaben und Beschäftigungen zu finden, die ihn erfüllen und ihm das Gefühl zurückgeben, wichtig zu sein. Gebt einander Halt und Kraft.

Mach dir bewusst, dass das Leben immer aus Veränderung besteht. Nichts bleibt, wie es ist. Jeder Lebensabschnitt hat seine Herausforderungen und birgt Veränderung. Steh Neuem offen gegenüber; suche die Chancen und nicht die Gefahren. Welche neuen Möglichkeiten ergeben sich und wie kannst du sie nutzen, um glücklich zu sein?

Die Hürden im Laufe der Partnerschaft

Im Laufe eines Lebens und einer langjährigen Partnerschaft passieren so viele Dinge! Man verletzt sich, schmeißt sich Sachen an den Kopf, die man nicht so gemeint hat, man streitet über Wichtiges und weniger Wichtiges. Es gibt Phasen, in denen ist man enger, und es gibt Phasen, da ist man mehr auseinander. Eine Beziehung ist ein Auf und Ab, es gibt gute und weniger gute Zeiten. Das Wichtige ist, dass man zusammenhält, Vertrauen zueinander behält, gegenseitig Verständnis zeigt. Nicht alles auf die Goldwaage legt. Nicht nur reden, sondern Konflikte lösen, also wirklich kommunizieren ist wichtig, um dauerhaft eine glückliche Beziehung führen zu können. Ich habe es schon gesagt, du musst verzeihen können, um dauerhaft glücklich zu werden. Gewesenes gewesen sein lassen. Ich weiß, es ist nicht immer so einfach, den Schalter umzulegen. Es bringt dich nur nicht nach vorne, immer über alte Kamellen nachzudenken, Vorwürfe zu machen. All das sind Belastungen, die dich nicht frei werden lassen, die dir nicht das Gefühl von Zufriedenheit und Glück geben können. Konzentriere dich wieder auf die positiven Eigenschaften deines Partners. Sieh die wunderbaren Momente in deiner Beziehung! Wenn es dir gelingt, diese Basis zu schaffen, dann steht einer glücklichen und harmonischen Beziehung auch im Alter nichts im Wege. Und sei doch mal ehrlich, es gibt doch nichts Schöneres, als auch im Alter einen Menschen an deiner Seite zu haben, dem du vertrauen kannst, der für dich da ist, der mit dir die Freizeit füllt und mit dem du auch mal über andere lästern kannst. Jemand, der deine Sorgen und auch deine Freuden teilt.

Quellenverzeichnis

Robert Theodor Betz (2014): Wahre Liebe lässt frei! Wie Frau und Mann zu sich selbst und zueinander finden. Heyne, München.

forschung-und-wissen.de (2017): Die 5 Phasen der Liebe in einer Beziehung. https://www.forschung-und-wissen.de/magazin/die-5-phasen-der-liebe-in-einer-beziehung-13372118, abgerufen am 14. November 2019.

Julia Haase (2018): Wie die Lust auf Sex auch in langjährigen Beziehungen erhalten bleibt. https://www.welt.de/kmpkt/article175191093/Partnerschaft-Wie-die-Lust-auf-Sex-in-langen-Beziehungen-erhalten-bleibt.html, abgerufen am 14. November 2019.

Oliver Killisch (2018): Eifersucht. https://love-repair.de/wie-entsteht-eifersucht, abgerufen am 14. November 2019.

Parship und ElitePartner (2018): Deutschlands Single-Studie: Single-Gesellschaft – 16,8 Millionen Alleinstehende leben in Deutschland. https://www.parship.de/presse/pressemeldungen/2018/deutschlands-single-studie-single-gesellschaft-168-millionen-alleinstehende-leben-in-deutschland, abgerufen am 14. November 2019.

Till Raether (2019): Wie schafft man es, zusammen alt zu werden? https://www.brigitte.de/woman/leben-lieben/liebe-sex/partnerschaft--wie-schafft-man-es--zusammen-alt-zu-werden--10127956.html, abgerufen am 14. November 2019.

Universität zu Köln (2015): When people want what others have. https://www.portal.uni-koeln.de/8471.html, abgerufen am 14. November 2019.

Gunda Windmüller (2016): Wann Ehrlichkeit in der Beziehung wichtig ist – und wann nicht. https://ze.tt/wann-ehrlichkeit-in-der-beziehung-wichtig-ist-und-wann-nicht, abgerufen am 14. November 2019.

Jörg Zittlau (2007): Zu viel Offenheit schadet der Liebe. https://www.welt.de/wissenschaft/article1323267/Zu-viel-Offenheit-schadet-der-Liebe.html, abgerufen am 14. November 2019.

Hier ist Platz für deine Notizen

Auch von Stefan Dederichs

Stefan Dederichs
Glücksmacher
Zum Glück gibt's Wege
1. Auflage 2017

316 Seiten; 19,95 Euro
ISBN 978-3-86980-392-0; Art.-Nr.: 1027

Glück kommt nicht von allein. Doch dem Glück kann man entgegengehen – denn es gibt Wege zum Glück. Und Glücksmacher kennen diese.

Statt ein Leben lang auf Glücksmomente zu warten, legen Glücksmacher den Fokus auf das eigene Denken und Handeln. Sie haben eine realistisch positive Sicht auf die Welt, schieben nicht alles auf die äußeren Umstände. Sie reflektieren vielmehr, wie ihr Handeln zur gegenwärtigen Situation beigetragen hat. Denn der bewusste und achtsame Umgang mit uns selbst und anderen, unsere Gedanken und das daraus resultierende Handeln bestimmen wesentlich das Glücklich-Sein.

Klingt einfach? Aber warum sind dann nicht alle Menschen die Macher ihres eigenen Glücks? Ganz einfach: Sie kennen die Wege zum Glück nicht. Doch die liefert jetzt Stefan Dederichs in »Glücksmacher« mit vielen Impulsen und Erfahrungen aus dem vollen Leben. Er erzählt, wie er es selbst aus der Depression heraus zu einem lebensfrohen, ausgewogenen selbstbewussten Menschen geschafft hat, der Chancen ergreift und sein Leben aktiv gestaltet.

So finden und gehen Sie Ihren persönlichen Weg zum Glück!

Stefan Dederichs
GLÜCKSMACHER
Das Glückstrainingsbuch zu einem
glücklicheren Leben
1. Auflage 2017

176 Seiten; 14,95 Euro
ISBN 978-3-86980-408-8; Art.-Nr.: 1048

Glück kommt nicht von allein. Doch dem Glück kann man entgegengehen. Dieses Glücksmacher-Arbeitsbuch bietet dir die Möglichkeit, zweiundfünfzig Wochen lang die wichtigsten Wege zum Glücklichsein zu trainieren. Werde auch du zum echten Glücksmacher.

Stefan Dederichs
Zwölf Glücksscheine
Zum Glück gibt's Wege
2. Auflage 2019

28 Seiten; 6,95 Euro
ISBN 978-3-86980-392-0; Art.-Nr.: 1041

Zwölf Glücksscheine, die du an jeweils die gleiche Person oder unterschiedliche Personen verschenken kannst. Verschenke echtes Glück, etwas mit Herz, etwas Originelles. Gutscheine für wahre Glücksmomente.

Glücklich verkauft

Stefan Dederichs
Glücklich verkauft
Zum Glück gibt's Wege
1. Auflage 2020

180 Seiten; 9,95 Euro
ISBN 978-3-86980-506-1; Art.-Nr.: 1090

Die Verkaufstechniken kennst du alle. Deine Umsätze lassen sich sehen. Doch wirklich glücklich bist du nicht. Doch woran liegt das? Warum ist der Mensch im Verkäufer so wichtig?

Die Antworten findest du in Dederichs Buch. Es zeigt dir, was du bisher in noch keinem Verkaufsbuch gefunden hast. Denn es geht diesmal nicht um Verkaufstechniken. Vielmehr geht es um den Menschen im Verkäufer. Es geht um Einstellung, Ausstrahlung, Motivation, Wahrnehmung und um den Umgang mit Zielen – denn diese Faktoren sind mit dem Glücklichsein eng verknüpft.

Nach der Lektüre dieses Buches wirst du das Verkaufen in einem völlig neuen Kontext betrachten und deine Einstellung verändern. Du gewinnst an Strahlkraft und wirst motivierter, aber vor allem glücklicher verkaufen.

AUS DER GLÜCKSMACHER SERIE

Denk dich unglücklich

Larissa Wasserthal
Denk dich unglücklich
Strategien, die du schon anwendest
1. Auflage 2019

176 Seiten; 14,95 Euro
ISBN 978-3-86980-478-1; Art.-Nr.: 1079

Denn der Schlüssel zum Glücklichsein liegt darin, die Quelle zum Unglücklichsein zu kennen.

Es gibt unzählige Bücher, die dir Glück, Freude und ein fantastisches Leben versprechen – mehr aber auch nicht. Doch dieses Buch zeigt dir einen ganz anderen Weg. Ganz ohne kluge Ratschläge wirst du zu den fröhlichen Menschen gehören.

Wasserthals Buch hilft dir, Verhaltensweisen und Gewohnheiten zu identifizieren, die dich unglücklich machen – die dich davon abhalten, fröhlich und ausgeglichen zu sein. Du wirst dich in diesem Buch selbst wiederfinden. Du wirst erkennen, was Deine Unzufriedenheit steigert, deine Motivation senkt und deine Lebensqualität einschränkt.

Und wenn du das alles erkannt hast, und zukünftig das Gegenteil machst, wird es für dich ein Leichtes sein, all das zu vermeiden, was dir nicht guttut, was dich unglücklich macht.

Bist du bereit für ein Leben, wie du es wirklich willst? Denn ab jetzt ist es deine Entscheidung ...

Gefühle

Patrizia Patz
Gefühle
Emotional gesund in einer rationalen Welt
1. Auflage 2019

258 Seiten; 14,99 Euro
ISBN 978-3-86980-495-8; Art.-Nr.: 1084

Emotionen oder auch Gefühle sind ein geflügeltes Wort und aus unserem Sprachgebrauch kaum wegzudenken. Mal soll man sie zeigen, mal soll man sie verbergen – also Gefühlskontrolle betreiben. Doch nüchtern betrachtet sind wir emotionale Analphabeten. So richtig wissen wir mit Gefühlen nichts anzufangen.

Warum haben wir den Umgang mit Emotionen verlernt? Oder haben wir ihn nie gelernt? Patz' Buch gibt Antworten auf diese Fragen. Denn damit wir wieder zur Vernunft kommen, brauchen wir eine andere Haltung zu Gefühlen. Sie können Einfallstor für und Werkzeug zur Manipulation sein. Oder ein Katalysator unseres Innersten und damit Kraftquelle. Aber ohne Bewusstsein darüber haben wir keine Wahl. Erst, wenn wir unsere Gefühle (er-)kennen, erlangen wir Klarheit und sind in der Lage, Verantwortung zu übernehmen, etwas zu verändern. Patz' Buch räumt schonungslos mit überholten Mythen über Gefühle auf und zeigt konkrete und attraktive Möglichkeiten, unser authentisches Potenzial zu leben.

Die ersten Schritte sind dabei ganz einfach: Die eigenen Gefühle wieder wahrnehmen, kritisch hinterfragen und einordnen und die darin enthaltene Kraft nutzen, um nachhaltige Veränderungen zu vollziehen.